管理体系标准培训丛书

ISO14001 环境管理体系标准的理解和实施

党继祥　编著

西北工业大学出版社

【内容提要】 管理体系标准培训丛书共4个分册，分别介绍了质量管理体系标准(ISO9001:2000)、环境管理体系标准(ISO14001:2004)、职业健康安全管理体系标准(GB/T28001—2001)和食品安全管理体系(ISO22000:2005)产生的背景以及如何正确理解和实施。每册的附录给出了管理体系标准实施过程中经常使用的相关法律和法规。

本丛书可作为企业管理人员、管理层、管理体系咨询和认证人员的培训教材，以及高等院校相关专业的教材。

图书在版编目(CIP)数据

ISO14001环境管理体系标准的理解和实施/党继祥编著.—西安：西北工业大学出版社，2007.1(2014.7重印)

(管理体系标准培训丛书/党继祥主编)

ISBN 978-7-5612-2312-3

Ⅰ.Ⅰ…　Ⅱ.党…　Ⅲ.环境管理—国际标准，ISO14001—基本知识　Ⅳ.X32-65

中国版本图书馆CIP数据核字(2007)第155049号

出版发行：西北工业大学出版社
通信地址：西安市友谊西路127号　邮编:710072
电　　话：(029)88493844　　88491757
网　　址：www.nwpup.com
印 刷 者：北京京华虎彩印刷有限公司
开　　本：787 mm×1 092 mm　1/16
印　　张：30.375
字　　数：719千字
版　　次：2007年1月第1版　　2014年7月第3次印刷
定　　价：60.00元

前　言

编者长期从事管理体系认证和教学工作，在审核和教学实践中发现，越来越多的组织正在积极贯彻和实施质量管理体系（ISO9001:2000）、环境管理体系（ISO14001:2004）、职业健康安全管理体系标准（GB/T28001—2001）和食品安全管理体系（ISO22000:2005），以适应日益激烈竞争的国际国内市场的需要。截至 2006 年 12 月 31 日，我国已有 163 277 家组织获得质量管理体系认证，18 979 家组织已获得环境管理体系认证，10 064 家组织已获得职业健康安全管理体系认证，1 440 家组织已获得食品安全管理体系认证。但是目前关于管理体系标准培训的教材理论性较强，适合基层人员培训的教材较少，企业界急需一套结合企业实际情况、总结贯彻认证标准的经验所编写的管理体系标准培训教程。为此，编者结合多年来审核和教学工作经验，参考了中国质量认证中心等组织的相关资料，在有关同志的协助下，利用近一年的时间完成了此管理体系标准培训丛书的编写工作。

本丛书的特点是遵循理论和实践相结合的原则，在讲究系统性、规范性的同时，尤其注重可操作性和实用性。本丛书可作为企业管理人员、管理层、管理体系咨询和认证人员的培训教材，以及高等院校相关专业的教材。

鉴于编者能力所限，本丛书难免有不足之处，恳请广大读者予以指正。

编　者

2006 年 12 月

目　录

第一章　环境与环境问题 …… 1

1　有关环境的定义 …… 1

2　有关环境问题 …… 1

3　全球环境问题 …… 2

4　我国的环境问题 …… 3

5　ISO14000 环境管理体系系列标准的产生和发展 …… 9

第二章　ISO14001:2004《环境管理体系　要求及使用指南》标准的理解与实施 …… 11

1　范围 …… 12

2　规范性引用文件 …… 13

3　术语和定义 …… 13

4　环境管理体系要求 …… 13

第三章　锅炉运行中的环境因素分析 …… 47

1　环境因素的识别 …… 47

2　重要环境因素的评价及控制 …… 47

第四章　常见行业重要环境因素 …… 51

附录 …… 56

附录 1　环境管理体系　要求及使用指南(ISO14001:2004) …… 56

附录 2　建设项目环境保护分类管理名录 …… 70

附录 3　排污费征收使用管理条例 …… 72

附录 4　污水综合排放标准(GB8978—1996) …… 75

附录 5　大气污染物综合排放标准(GB16297—1996) …… 87

附录 6　工业企业厂界噪声标准(GB12348—90) …… 97

附录 7　建筑施工场界噪声限值(GB12523—90) …… 98

附录8 地表水环境质量标准(GB3838—2002) …… 99
附录9 环境空气质量标准(GB3095—1996) …… 112
附录10 城市区域噪声标准(GB3096—93) …… 116
附录11 国家危险废物名录 …… 118
附录12 危险废物转移联单管理办法 …… 128
附录13 危险化学品安全管理条例 …… 130

第一章　环境与环境问题

1　有关环境的定义

1.1　ISO14001:2004 标准中,关于环境的定义

环境(environment)。组织运行活动的外部存在,包括空气、水、土地、自然资源、植物、动物、人,以及它们之间的相互关系。

注:从这一意义上,外部存在从组织内延伸到全球系统。

1.2　《中华人民共和国环境保护法》(1989 年 12 月 26 日)中有关环境的定义

本法所称环境,是指影响人类生存和发展的各种天然的和经过人工改造的自然因素的总体,包括大气、水、海洋、土地、矿藏、森林、草原、野生生物、自然遗迹、人文遗迹、自然保护区、风景名胜区、城市和乡村等。

ISO14001:2004 标准和《中华人民共和国环境保护法》虽然对环境定义的描述方式不同,但其内涵是相同的。

2　有关环境问题

2.1　环境问题的本质

人类经济活动索取资源的速度超过了资源本身及其替代品的再生速度;人类排放废弃物的数量超过了环境的自净能力。

2.2　环境问题的分类

原生环境问题(第一环境问题)和次生环境问题(第二环境问题)。

2.2.1　原生环境问题(第一环境问题)

原生环境问题是指由于自然原因产生的环境问题,如地震、火山爆发、台风、泥石流、海啸、洪水、旱灾等。目前人类对这一类环境问题只能做到预防、预测、预报,使其造成的损失尽可能减少,但很难对它们进行控制。

2.2.2　次生环境问题(第二环境问题)

次生环境问题是指由于人类活动作用于周围环境而产生的环境问题,主要是由于人类社会发展与环境的不协调而引起的。它一般可分为两类:一是由于人类不合理开发自然资源而

引起的自然环境生态破坏，这是人类活动直接作用于自然界引起的，如乱砍、滥伐引起的森林植被的破坏，过度放牧引起的草原退化等；二是环境污染主要是由于人类活动使有害物质进入环境中，并在其中扩散、迁移、转化，使环境系统的结构与功能发生了不利于人类及其他生物的生存和发展的现象，如人类在生产和生活过程中向水体中排放大量有机污染物质，导致水体富营养化，造成鱼类死亡，水质恶化，影响人类的生产和生活。

3 全球环境问题

3.1 温室效应

温室效应，又称“花房效应”，是大气保温效应的俗称。大气能使太阳短波辐射，到达地面，但地表向外放出的长波热辐射线却被大气吸收，这样就使地表与低层大气温度增高，因其作用类似于栽培农作物的温室，故名温室效应。如果大气不存在这种效应，那么地表温度将会下降。反之，若温室效应不断加强，全球温度也必将逐年持续升高。自工业革命以来，人类向大气中排入的二氧化碳等吸热性强的温室气体逐年增加，大气的温室效应也随之增强，已引起全球气候变暖等一系列严重问题，引起了全世界各国的关注。

不正常的温室效应的直接危害在于它使全球气候变暖(其中二氧化碳的增温效果最为显著)。全球气候变暖将会导致温度带北移，全球气候异常，温度和雨量发生变化，使局部地区水资源更加短缺，对农业生产造成极为不利的影响；导致洪水、干旱等自然灾害频繁发生；全球气候变暖还会使海水升温和膨胀，加速南、北极冰山的融化，使海平面上升，直接威胁沿海地区和城市。据统计，全球每年排放到大气中的二氧化碳达 220 亿吨，导致大气中二氧化碳浓度不断升高。据科学家计算，如果按照现在的二氧化碳浓度增长速度，到 2030 年左右，二氧化碳浓度增加 1 倍，将会使全球平均温度增加 1.5～7℃，高纬度地区增加 4～10℃，这样迅速升高的温度将会引起地球上的冰川融化，导致海洋平面上升，使许多沿海城市遭受灭顶之灾。

3.2 臭氧层破坏

臭氧层是地球最好的保护伞，它吸收了来自太阳的大部分紫外线。然而近 20 年的科学研究和大气观测发现：每年春季南极大气中的臭氧层一直在变薄，事实上在极地大气中存在一臭氧“洞”。

这种臭氧损耗现象是一种反常现象，这是否表明这一紫外线吸收层正处于全球性灾难呢？通过不断的科学研究，人们发现人类社会活动释放的物质严重地破坏了臭氧层，当然这种现象还受到这一地区独特的气象状态(极涡、寒冷的平流层温度、极地平流层云)的影响。

英国南极测量局的大气科学家在南极进行了一项研究计划，这一研究计划分别在地面和空中进行。这些研究活动采取了国际合作方式。例如，1987 年代表 19 个组织和 4 个国家的大约 150 名科学家和辅助人员聚会于智利的蓬塔阿雷纳斯，进行了一项规模空前的研究，即机载南极臭氧实验。这项实验表明 1987 年臭氧洞大小达到历史最大。这一发现震惊了科学界。

南极“臭氧洞”的成因目前尚无定论，其中最为令人信服的当是污染物质学说。人类活动向大气中排放的大量的氯化亚氮、四氯化碳、甲烷、氯氟烃类物质以及飞机在平流层中飞行时排放的水蒸气等臭氧层损耗物质，减少了臭氧的含量，从而破坏了臭氧层。

由于人类对自然的严重破坏，在世界范围内掀起了保护大气环境的浪潮。许多国家围绕大气污染物的来源与归宿，大气化学过程中的反应机理及效应进行了大量的研究工作，促进了人类对一系列环境问题的认识，"臭氧洞"的研究促使人类更加小心地使用我们的地球资源，并清醒地认识我们所处的世界。

3.3 酸雨

酸雨是指 PH<5.6 的酸性降水(包括雨、雪、霜、雹等)。

酸雨的形成是由多种因素造成的。酸雨中含有多种无机酸与有机酸，绝大多数是 H_2SO_4 与 HNO_3，H_2SO_4 与 HNO_3，都是由人为排放的硫的氧化物与氮的氧化物转化而成的。

酸雨既能降在本国土地上，也能降在异国土地上。水体酸化后，不仅能使水生生物减少甚至绝迹，还会使土壤中的有毒金属溶解出来，通过食物链危害人体健康。酸雨也能抑制土壤中有机物的分解和氮的固定，使土壤贫瘠。酸雨伤害植物的芽叶，影响植物的发育生长。

我国的四个盆地、长江三角洲、珠江三角洲地区是酸雨的多发地区。

酸雨腐蚀建筑物、化工设备、名胜古迹等，被称为"天空中的死神"

控制酸雨的根本措施是减少硫、氮的氧化物的排放。

3.4 能源危机

能源危机即指一般现用主要能源(化石矿物燃料)耗尽，且尚未找到足够的替代能源时将出现的危险。当前，世界上消耗最多的仍然是煤炭、石油、天然气等这类非再生、一次性化石矿物能源。但化石燃料存储量有限(世界煤炭地质总储量 107 502 亿吨，为石油总储量的 4 倍；石油可采储量约为 2 600 亿吨；天然气储量为 85 536 亿立方米)。据估计，根据目前的能源使用情况，我国可利用的煤炭资源仅能维持 30 年；由于天然铀资源的短缺，核能的利用仅能维持 50 座标准核电站连续运转 40 年；而石油的开采也仅能维持 20 年。煤、石油、天然气等传统资源的价格一日比一日高，而且随着全球经济的加速发展，资源紧缺日渐严重，然而在新能源短期内尚且无法找到替代的，于是在新旧能源更替期间，改变我国"富煤贫油少气"的局面成为急需。

未来我国将向节约能源和提高能源利用效率的"资源节约型社会"转换，我国能源生产和消费结构不合理，能源消费中煤占 66%，而石油的可开采量仅占世界剩余可开采量的 1.8%，石油供应面临重大挑战；能源平均利用率为 32%，比发达国家低 10%。

中国工程院院士徐寿波对能源安全问题表示担忧。他认为，衡量一个国家能源安全的重要标志是本国能源供应是否依赖外国以及依赖程度。

研究表明，一个国家如果要保持石油供应安全为主的局面，石油净进口率绝对不应超过 50%，超过 50%就属于石油供应不安全，理论上应该控制在 30%以内。

然而，中国自 1993 年以来净进口石油依赖度从 0.45%飙升至 11.5%。而且，按照中国进口石油的速度预测，到 2010 年，2015 年和 2020 年，中国石油净进口率下限将分别达到 54.4%，57.4%和 59.7%。能源危机可能随时爆发。

4 我国的环境问题

我国面临的主要环境问题是：以农村为中心的生态破坏问题和以城市为中心的环境污染

问题。

4.1 生态破坏问题

4.1.1 水土流失

水土流失是我国的头号环境问题。我国的环境问题是多方面的,如城市空气污染,河流水质污染,工业的废水、废气、废渣(三废)污染等,但是,分布最广泛、危害最严重的是水土流失。我国山区、丘陵区面积约占国土总面积的2/3,大部分面积都有水土流失。据2000年水利部水土保持监测中心用先进的遥感技术调查,全国的水土流失面积约占国土总面积的40%。水土流失不仅破坏当地的生态环境和农业生产条件,造成群众生活贫困,而且为下游江河带来严重的洪水泥沙危害。被洪水淹没的地方,不论城镇和农村,人民的生命财产都遭受严重损失。泥沙淤积在湖泊、水库、河床,对整个国民经济建设造成的危害更是十分深远,在全国各省(区)不同程度地都存在这样的问题。所以说,水土流失是我国的头号环境问题。

陕西省是全国水土流失最为严重的省份之一,水土流失面积为13.75万平方公里,占全省总土地面积的2/3,其中黄河流域水土流失面积为10.05万平方公里,占全省水土流失面积的73%。特别是陕西北部的黄土高原,土壤年侵蚀模数一般为1～3 t/km^2。每年流入黄河的泥沙约8亿吨,占黄河陕县站年总沙量的一半。水土流失不仅破坏了生态环境,而且降低了水的利用能力。

水土流失也破坏土壤本身,而且阻碍甚至破坏植被的恢复和生长,直接改变水资源循环转化的下垫面条件,影响水资源的再分配,导致旱情与涝灾的发生。当植被受到破坏,便会失去其截留降水,涵养水源,滞缓径流的作用,从而导致地表径流增多,地下径流减少,加大洪峰流量,增加河流含沙量,由此造成大气降水,地表水和地下水之间循环转化关系的变化。近20年来,黄河下游频繁发生的断流现象以及1998年的大洪水与流域植被破坏、水土流失有密切关系。近年来,陕西黄河流域的干旱和洪灾比以前更加严重,使该区本来紧张的水资源更加贫乏。

4.1.2 森林减少

森林是一个巨大的生物宝库,森林还被誉为“地球之肺”“大自然的总高度室”,对环境具有重要的调节功能。然而,因过度开荒、采伐和放牧,森林面积正大幅度减少。据绿色和平组织估计,100年来,全世界的原始森林有80%遭到破坏。联合国粮农组织报告显示,如果用陆地总面积来算,地球的森林覆盖率仅为26.6%。

我国历史上曾是一个森林资源极其丰富的国家,但由于长期的过量采伐、乱砍伐,使森林面积大大减少。据全国第四次(1989—1993年)森林资源清查结果,全国林业用地面积为2.6亿公顷,森林面积1.3亿公顷。人均占有森林面积0.11公顷,相当于世界人均水平的17.2%,居世界第119位;人均森林蓄积量为8.6立方米,相当于世界人均水平的12.0%,是人均占有森林蓄积量较低的国家之一;森林覆盖率为13.9%,明显低于世界森林覆盖率为26.0%的水平。全国林木年均生长量为3.99亿立方米,年实际消耗量为3.44亿立方米,人均木材消耗量为0.12立方米。

4.1.3 草原退化

全球草原面积约为2 966万平方公里,占陆地总面积的24%。草原生态系统是抵御风沙的第一道天然屏障,其作用仅次于森林。草原恩赐于人类的,除了畜牧养殖外,还有对生态平衡和气候的调节作用。

我国北方草原大面积退化,而且退化速度加快。在20世纪90年初期,退化面积约为51%,到90年代北方草原的退化面积发展到约62%,在不到10年的短短时间里,草原退化面积就增加了11%。黑土滩、黄沙头遍布各地草原,数十亿亩天然草原生态告急。内蒙古草原典型草原退化比例约为70%,以中度和重度退化为主。与20世纪80年代相比,内蒙古草原面积减少了约386万公顷,每0.067公顷草场的产草量下降19.3%,载畜量下降21.51%。仅呼伦贝尔市草原沙地总面积就达87.63万公顷,另外还有300万公顷的潜在沙化地区,固定沙地、半固定沙地向四周扩张蔓延,北部沙地活化面积增加了10倍以上。

西北荒漠地区草原退化比例约80%,以重度退化为主。新疆可利用草场面积0.46亿公顷,实际像点样的只有0.333亿公顷,就是这0.333亿公顷,也大都不同程度退化了。在新疆阿勒泰山区夏季牧场,夏天刚过了一半,草已经没了,草原一年不如一年了。与20世纪80年代相比,阿勒泰20%~25%的草原已经退化。

青藏高原高寒类草原、草甸和荒漠区均出现了严重的草原退化现象。青海省70%的草原退化,呈整体退化趋势。玉树藏族自治州90%的草场出现了不同程度的退化,单位面积产草量下降30%~50%,151.4万公顷草原退化成了"黑土滩"。目前,三江源区沙化面积仍以每年近0.53万公顷的速度在扩大。西藏藏北草原退化面积已达0.12亿公顷,接近可利用草原的50%,现在正以每年5%的速度不断扩大。

4.1.4 土地沙漠化

我国是世界上受沙漠化危害最严重的国家之一,每年因沙漠化造成的直接经济损失超过540亿元。我国土地沙化主要发生在风力侵蚀地区,并集中分布于西北地区及华北北部。20世纪90年代中期,全国风力侵蚀面积191万平方公里,水风蚀交错区面积26万平方公里。风力侵蚀最严重的地区主要分布在西北地区的新疆、内蒙古、青海、西藏、甘肃等省区的沙漠、戈壁等区域。与第一次遥感调查结果比较,我国土地风蚀面积呈加剧趋势,其中强度以上风蚀面积由66万平方公里增加到87万平方公里,增加了32个百分点。目前,每年土地退化、沙化面积仍在以3 000多平方公里的速度继续扩展。

我国土地沙化的成因主要是干旱、少雨、大风等自然因素,但人类不合理的开发建设活动是导致沙化不断扩大的主要原因。突出表现在三个方面:一是水土资源开发利用不合理,盲目扩大耕地面积,缺乏有效的统一管理。以新疆塔里木河为例,从1959—1983年的24年间,沙漠化土地面积上升了15.6%,其中流动沙丘等严重沙漠化土地上升了39%。二是过度放牧,导致草场严重退化、沙化。我国西北地区昔日"风吹草低见牛羊"的景象已不复存在,取而代之的是"一场大风一场沙"的沙化草地。据有关资料,我国牧区家畜已由20世纪50年代的2 900万头(只)发展到20世纪末的上亿头(只),掠夺式的经营导致草场严重超载,许多地方超载3倍以上,草场面积因沙化和开垦破坏减少了0.067亿公顷,产草量下降了30%~50%。三是滥采乱挖,造成植被严重破坏。仅内蒙古伊克昭盟从20世纪60年代到80年代的20多年中,因滥樵而沙化的草场面积就达2 000多平方公里。

4.1.5 耕地减少

多年来,由于城乡交通、水利、能源建设、资源开发、退耕造林、退耕放牧占地不断增加,加上水土流失、土地沙漠化、盐碱化等原因,导致我国现在人均占有耕地为0.106公顷,占世界人均水平的 43%，而且目前还在以 46.67 万公顷的速度减少，相当于一个福建省耕地的面积。1996—2004 年全国耕地减少 0.067 亿公顷，耕地的不断减少和人口的不断增加造成人地矛盾的加剧，从而导致对有限的土地资源进行掠夺性的开发，使土地资源承受了过大的压力，造成土壤肥力降低和土地质量下降。另外，我国的耕地退化问题目前也十分突出，如原来土地肥沃的北大荒地带，土壤的有机质已从原来的 5%～8%下降到 1%～2%(理想值应不小于 3%)。耕地减少，土地贫瘠，极大地限制了我国的粮食生产，从而影响了人民的生产和生活。

实行节约集约用地，是缓解我国土地供需矛盾的必然选择。我国正处在加快推进工业化、城镇化、现代化的发展阶段。发展离不开土地，必然还要占用少量耕地。但我国国情不允许过多地占用耕地特别是基本农田。如果不能坚持严格保护耕地、节约集约用地，不仅粮食安全难以保证，经济难以持续发展，而且工业化、城镇化和现代化也难以顺利推进。

4.1.6 生物多样性减少

生物资源支撑着人类的生存和发展，并且使人们能够适应环境和需求的变化，生物多样性是一个地区内基因、物种和生态系统多样性的总和。据联合国环境规划署估计，全球大约有 500 万种到 3 000 万种生物，目前人类描述过的生物大约有 140 多万种，利用的仅 150 种左右。人类食物的 90%来自被驯化和培育的 20 种动植物。

我国是世界上生物多样性最丰富的国家之一，高等植物和野生动物物种均占世界的 10%左右，有高等植物近 3 万种，陆地脊椎动物超过 2 000 种，生物多样性居世界第 8 位。但由于森林减少、草原退化、环境污染、农药、化肥、杀虫剂等的大量使用，以及过度捕猎、捕捞，使生物的生存环境不断受到破坏，造成生物种群减少甚至消失。据统计，我国高等植物大约有 4 600 种处于濒危或受威胁状态，占高等植物的 15%以上，近 50 年来约有 200 种高等植物灭绝，平均每年灭绝 4 种，许多贵重药材由于人类的无计划采集而消失。野生动物中约有 400 种处于濒危或受威胁状态，目前野生的东北虎还不到 10 只。另外，长臂猿、黑颈鹤、大象等 20 多种动物正处于灭绝之中。近年来，非法捕猎、经营、倒卖、食用野生动物的现象屡禁不止。

4.1.7 水资源短缺

我国的水资源并不十分丰富，全国淡水资源总量为 27 200 亿立方米，人均占有量不足 2 300立方米，只有世界人均平均水平的 1/4。而且时空分配极不平衡，全国的 82%水资源集中在耕地仅占全国 36%的长江流域及其以南地区，对北方居民的生产和生活造成极大不便。随着人口的高速增长和工农业生产的发展，水资源的需求量越来越大，供需矛盾日益突出。而水质污染以及生活和生活过程中的用水浪费更是加剧了这一矛盾，水资源短缺已成为限制我国工农业生产和城市化发展的重要因素。

目前全国有 300 多个城市缺水，占总城市数的 60%～70%，受影响的人口占全国总人口的 29%，日缺水 1 240 万吨，其中 50 多个城市严重缺水，造成直接经济损失达 200 多亿元。我国农业每年缺水达 3 000 亿立方米，受旱面积约 2 000 万公顷，每年造成粮食减产 50 多亿千克。此外还有 8 000 多万农村人口饮水困难。由于缺水，不得不大量开采地下水，结果使地下水资源日益减少，造成地面沉降。我国北京、上海、天津、西安、常州、宁波等 20 多个城市都不同程度地出现了地面沉降。

在新的形势下，必须从战略高度上转变对水的认识。要从人类向大自然无节制的索取转变为人与自然(包括水)的和谐共处；要从防止水对人类的伤害转变为防止水对人类伤害的同时，特别注意防止人类对水的伤害。同时，还要大大提高我们在管理方面的科学技术水平，依靠知识创新，提高水利工作的科技含量。

4.2　环境污染

4.2.1　水环境污染

随着我国工农业生产的飞速发展、人口增加、城市化的进程加快，向水体中排放出大量的污染物质，使我国江、河、湖泊、水库等水体普遍受到不同程度的污染，水环境日益恶化，污染呈严重趋势。我国江河流域普遍遭到污染，且呈发展趋势。对全国 55 000 公里的河段调查表明，水质污染严重而不能用于灌溉的河段约占 23.3%，45%的河段鱼虾绝迹，85%的河段不能满足Ⅲ类水质标准，生态功能严重衰退。

4.2.1.1　河流

1998 年对我国 176 条城市河段监测数据显示，52%污染严重，主要污染指标为 COD，BOD5，氨氮，挥发酚和古油类，其次为重金属。中国七大流域水质状况从坏到好的次序是辽河流域、海河流域、淮河流域、松花江流域、黄河流域、珠江流域、长江流域。淮河 191 条支流中近 80%的河段河水泛黑、发绿。

4.2.1.2　湖泊

近 30 年污染呈迅速增长趋势。大型湖泊污染程度由重到轻依次为滇池、巢湖、南四湖、洪泽湖、太湖、洞庭湖、镜泊湖。滇池中氮、磷污染严重，富营养化问题突出，全湖水质劣于Ⅴ类，蓝藻泛滥日益严重。

4.2.1.3　海洋

污染严重表现在赤潮发生频率增加及泛滥范围扩大。我国 20 世纪 60 年代赤潮仅发生几次，而至 90 年代则发生了 360 多次，60 年代涉及的面积是很小的，而 1997 年 7 月，渤海出现了前所未有的一次赤潮大爆发，面积达 46 平方公里，延续时间近 1 个月。

4.2.1.4　地下水

全国城市供水 30%源于地下水，北方城市达 89%，近 20 年城市地下水质普遍恶化。1992 年调查显示北方 90%以上的城市地下水受到污染，其中 28%已不适合饮用。

4.2.1.5　饮用水亦被污染

饮用水的安全性与人体健康直接相关，我国城镇附近水体受污染率已高达 90%，对数亿人口饮用水的安全性构成重大威胁，导致疾病、劳动力丧失、残疾甚至早亡。

据报道，国内外由水中检出的有机污染物已有 2 000 余种，其中 114 种具有或怀疑有致癌、致畸、致突变的“三致物质”。我国各地的水源中一般都能检出百余种有机污染物，其中常含有“三致物”，经自上而下为水厂的传统工艺处理后不能去除，相反会因为加氯消毒而形成危害更大的氯代有机物。

水中致病微生物会导致大规模的疾病爆发和流行。农村缺乏饮用水处理设施的地方，肠道传染病发病率达 87%～95%，居各种传染病之首。

4.2.1.6　水体污染殃及“菜篮子”

大量未经充分处理的污水被用于灌溉，已经使 66.67 万公顷农田受到重金属和合成有机物的污染。据报道，全国明显或重度污染的农田有 22.67 万公顷，仅受重金属污染的耕地面积就占全国耕地总面积的 1/5。据农业部调查：在占国土面积 85%的流域内，通过 372 个代表性区域取样，发现全国粮食总量的 1/10 不符合卫生标准。严重污染区主要农畜产品的超标率为：粮食为 12%（水稻最高）、蔬菜为 17.9%、水果为 15%、肉类为 8.6%（鸡肉最高、牛肉最低）、禽蛋为 19%、鲜奶为 2%。

污水灌溉还造成粮食产量低，污染加大，营养成分下降。因粮食、蔬菜等污染，北京居民中砷日摄取量已达到 WHO 规定的 120%。长期的污染水灌溉使病原体、致突变、致癌物质通过粮食、蔬菜、水果等食物迁移到人体内，造成人群多种疾病大幅度提高。

4.2.1.7 水污染还对渔业造成极大的危害

致病菌、病毒，有害、有毒物质导致养殖生物疾病及大量死亡。1998 年春季珠江口海域发生赤潮，广东渔业损失达 4 000 万元，香港为 1 亿港币。富营养化的湖泊、水库因藻类大量繁殖，使深解氧下降，鱼虾缺氧窒息死亡。大量污染的直接海域，还使珍稀动物如斑海豹、玳瑁、中华白鳍豚数量剧减。海水产品质量下降，贝类和鱼体内重金属残毒增加。

4.2.2 大气污染

我国是一个以煤为主要能源的国家，占能源消耗的 70%以上，所以空气污染以煤烟型为主，少数特大城市属煤烟与汽车尾气污染并重类型。主要的污染物质为总悬浮颗粒物、二氧化硫（SO_2）、氮氧化物（NOx）。1999 年统计表明，338 个城市中 33.1%的城市满足国家空气质量二级标准，其中超过三级标准的有 137 城市，占统计城市的 4.05%。60.0%的城市总悬浮颗粒物年均值超过国家二级标准，28.4%的城市二氧化硫年均值超过国家二级标准。1999 年全国废气中二氧化硫排放总量为 1 857 万吨，其中工业来源的排放量为 1 460 万吨，生活来源的排放量为 397 万吨；烟尘排放总量为 1 159 万吨，其中工业烟尘排放量为 935 万吨，生活烟尘排放量为 206 万吨；工业粉尘排放量为 1 175 万吨。上述统计数据表明，我国城市空气质量仍处在较重的污染水平，而且由于生活所造成的污染份额也越来越重。

大气污染对人体的危害主要表现为呼吸道疾病；对植物可使其生理机制受抑制，生长不良，抗病抗虫能力减弱，甚至死亡。大气污染还能对气候产生不良影响，如降低能见度，减少太阳的辐射（据资料表明，城市太阳辐射强度和紫外线强度要分别比农村减少 10%～30%T 和 10%～25%）而导致城市佝偻发病率的增加。大气污染物能腐蚀物品，影响产品质量。近十几年来，不少国家发现酸雨，雨雪中酸度增高，使河湖、土壤酸化、鱼类减少甚至灭绝，森林发育受影响，这与大气污染是密切相关的。

4.2.3 固体废弃物污染

固体废弃物就是一般所说的垃圾、是人类新陈代谢排泄物和消费品消费后的废弃物品。目前城市居民的生活垃圾、商业垃圾、市政维护和管理中产生的垃圾，以及工业生产排出的固体废弃物，数量急剧增加，成分日益复杂。世界各国的垃圾以高于其经济增长速度 2～3 倍的平均速度增长。

1999 年，全国工业固体废弃物的产生量为 7.8 亿吨，其中危险废物的产生量为 1 015.5 万吨，工业固体废弃物排放量为 3 881 万吨；生活垃圾年产生量为 14 285 万吨，处理量为 8 830 万吨，处理率为 61.8%。目前全国 500 多个城市中有 2/3 的城市处于垃圾的包围之中，随着城市人口增加和城市化进程的加快,垃圾围城现象将会更加严重,对城镇居民的生活和健康造成很大威胁。近年来,由于塑料包装物用量迅速增加,白色污染问题日益突出。据粗略估计,本世纪我国的白色垃圾大约有800多万吨。许多城市,如北京等地都已开始限制塑料袋的使用,而且由于固体废弃物的堆放,受污染的耕地达0.1亿公顷以上,对农业生产造成极为不利的影响,不断增长的大量的未经处理的危险固体废弃物也将成为潜在的威胁。

4.2.4 噪声污染

噪声对人的生理影响很大。噪声超过50分贝就会影响睡眠和休息;70分贝以上就会干扰谈话,造成心烦意乱,精神不集中,降低工作效率,长期工作或生活在90分贝以上的噪声环境,会严重影响听力和导致其他疾病的发生。

由于受到工业噪声、交通噪声、生活噪声、建筑噪声的多重叠加影响,使我国2/3的居民长期生活在超标的噪声环境之中。1999年,开展道路交通噪声监测的212个城市中,污染较重、中度污染、轻度污染和声环境质量较好的城市比例分别为5.2%,8.5%,27.3%和59.0%;开展区域环境噪声监测的159个城市中,污染较重、中度污染、轻度污染和声环境质量较好的城市比例分别为8.2%,27.7%,25.2%和39.8%,而且生活噪声影响范围呈扩大趋势。随着城市车辆的增加,交通噪声影响最大。

5 ISO14000环境管理体系系列标准的产生和发展

人类面临的环境问题以及国际贸易竞争,促进了ISO14000环境管理体系标准的产生。

5.1 ISO14000系列标准的构成

5.1.1 ISO/TC 207环境管理标准化技术委员会

ISO/TC 207成立于1993年6月。ISO/TC 207委员会的任务是进行环境管理工具和体系领域的标准化工作。ISO/TC 207下设主席顾问工作组,6个分技术委员会(SC1～SC6)及两个直属工作组(WG1,WG2),还设有一个TC 207和TC 176合作与协调工作组,各分技术委员会负责相应的标准制定工作。

ISO中心秘书处为TC 207预留100个标准号,标准编号为ISO14001～ISO14100,统称为ISO14000系列标准。

5.1.2 ISO14000系列标准的编号

根据ISO/TC 207的分工,各分技术委员会负责相应标准的制定工作,其标准号的分配如表1.1所示。

国际标准化组织ISO/TC176/SC3质量管理和质量保证技术委员会/支持技术委员会与ISO/TC207/SC2环境管理技术委员会/环境审核分委员会于2002年联合制定了ISO19011《质量和(或)环境管理体系审核指南》代替了ISO14010:1996,ISO14011:1996,ISO14012:1996,ISO10011－1:1990,ISO10011－2:1991,ISO10011－3:1991六项标准。

表 1.1 标准号分配

分技术委员会	任务	标准号
SC1	环境管理体系 EMS	14001～14009
SC2	环境审核 EA	14010～14019
SC3	环境标志 EL	14020～14029
SC4	环境行为评价 EPE	14030～14039
SC5	生命周期评估 LCA	14010～14049
SC6	术语和定义 T&D	14050～14059
WG1	产品标准中的环境指示	Guide64
WG2	森林管理 FM	14061
	备用	14060～14100

5.2 ISO14000 系列主要标准介绍

这里主要介绍两个标准 ISO14001 和 ISO14004。

5.2.1 ISO14001《环境管理体系 规范及使用指南》

环境管理体系(EMS)是组织整个管理体系中的一部分,用来制定和实施其环境方针,并管理其环境因素,包括为制定、实施、实现、评审和保持环境方针所需的组织机构、计划活动、职责、惯例、程序、过程和资源。ISO14001:1996《环境管理体系 规范及使用指南》是国际标准化组织于 1996 年正式颁布的可用于认证目的的国际标准,是 ISO14000 系列标准的核心,它要求组织通过建立环境管理体系来达到支持环境保护、预防污染和持续改进的目标,并可通过取得第三方认证机构认证形式,向外界证明其环境管理体系的符合性和环境管理水平。由于 ISO14001 环境管理体系可以带来节能降耗、增强企业竞争力、赢得客户、取信于政府和公众等诸多好处,所以自发布之日起即得到了广大企业的积极响应,被视为进入国际市场的“绿色通行证”。同时,由于 ISO14001 的推广和普及在宏观上可以起到协调经济发展与环境保护的关系、提高全民环保意识、促进节约和推动技术进步等作用,因此也受到了各国政府和民众越来越多的关注。为了更加清晰和明确 ISO14001 标准的要求,ISO 对该标准进行了修订,并于 2004 年 11 月 15 日颁布了新版标准 ISO14001:2004《环境管理体系 要求及使用指南》,本章第二节将重点介绍其内容。

5.2.2 ISO14004《环境管理体系 原则、体系和支持技术通用指南》

ISO14004 为建立和实施 EMS,加强 EMS 与其他管理体系的协调提供可操作的建议和指导,它同时也向组织提供了如何有效地改进或保持 EMS 的建议,但 ISO14004 不能用作认证的依据。

第二章 ISO14001:2004《环境管理体系 要求及使用指南》标准的理解与实施

ISO14001:2004《环境管理体系　规范及使用指南》标准由前言、引言、范围、规范性引用文件、术语和定义、环境管理体系要求、附录等 7 部分组成。第 4 章是标准的核心内容,包括 6 个一级条款和二级条款,其结构如表 2.1 所示。

表 2.1　ISO14001:2004 第 4 章结构表

一级条款	二级条款
4.1 总要求	
4.2 环境方针	
4.3 策划	4.3.1 环境因素 4.3.2 法律法规和其他要求 4.3.3 目标、指标和方案
4.4 实施与运行	4.4.1 资源、作用、职责和权限 4.4.2 能力、培训和意识 4.4.3 信息交流 4.4.4 文件 4.4.5 文件控制 4.4.6 运行控制 4.4.7 应急准备和响应
4.5 检查	4.5.1 监测和测量 4.5.2 合规性评价 4.5.3 不符合、纠正措施和预防措施 4.5.4 记录控制 4.5.5 内部审核
4.6 管理评审	

从要素本身的内容来看,两个一级条款(4.2 和 4.6)加上 15 个二级条款(4.3.1～4.3.3,4.4.1～4.4.7,4.5.1～4.5.5)构成了环境管理体系的完整要求,所以通常称环境管理体系包含有 17 个要素。这 17 个环境管理体系要素分别是:

1）环境方针（4.2）；

2）环境因素（4.3.1）；

3）法律法规和其他要求（4.3.2）；

4）目标、指标和方案（4.3.3）；

5）资源、作用、职责和权限（4.4.1）；

6）能力、培训和意识（4.4.2）；

7）信息交流（4.4.3）；

8）文件（4.4.4）；

9）文件控制（4.4.5）；

10）运行控制（4.4.6）；

11）应急准备和响应（4.4.7）；

12）监测和测量（4.5.1）；

13）合规性评价（4.5.2）；

14）不符合、纠正措施和预防措施（4.5.3）；

15）记录控制（4.5.4）；

16）内部审核（4.5.5）；

17）管理评审（4.6）；

下面具体说明如何理解 ISO14001：2004 标准的具体内容。

1 范 围

【标准条文】

本标准规定了对环境管理体系的要求，使一个组织能够根据法律和它应遵守的其他要求以及关于重大环境影响的信息，制定和实施环境方针与目标。它适用于那些组织确定其能够控制、或能够施加影响的环境因素。但标准本身并未提出具体的环境绩效准则。

本标准适用于任何有下列愿望的组织：

a)建立、实施、保持并改进环境管理体系；

b)使自己确信能符合所声明的环境方针；

c)通过下列方式展示对本标准的符合：

1）进行自我评价和自我声明；

2）寻求组织的相关方（如顾客）对其符合性的确认；

3）寻求外部组织对其自我声明的确认；

4）寻求外部组织对其环境管理体系进行认证（或注册）。

本标准旨在使其所有要求都能纳入任何一个环境管理体系，其应用程度取决于诸如组织的环境方针，活动、产品和服务的性质，运行场所和条件等因素。本标准还在附录 A 中对如何使用本标准提供了资料性的指南。

【理解要点】

(1) 本标准中明确提出，有 a)，b)，c)愿望的组织都可以使用本标准(即 ISO14001:2004《环境管理体系　要求及使用指南》)，例如：我国部分企业采用本标准的目的是为了建立、实施、保持并改进其环境管理体系。

(2) 本标准本身并未提出具体的环境绩效准则，即没有提出对环境绩效的绝对要求，因而两个从事类似活动但具有不同环境绩效的组织，可能都是符合本标准要求的。

(3) 本标准附录 A 的作用是对如何使用本标准提供了资料性的指南，并不是本标准正文内容的组成部分。例如：如果将本标准作为认证依据时，但标准中的附录 A 的内容不能作为认证依据。

2　规范性引用文件

【标准条文】

> 无规范性引用文件。保留本章是为了使本版中的章节号和前一版(GB/T24001—1996)保持一致。

【理解要点】

保留本章的目的是为了和 1996 版标准格式保持一致，便于理解新版标准。

3　术语和定义

【标准条文】

> 下列术语和定义适用于本标准(具体内容略)。

【理解要点】

本标准共列出了 20 项术语，为便于理解，我们将和相关条款一并讲解。

4　环境管理体系要求

4.1　总要求

【标准条文】

> 组织应根据本标准的要求建立、实施、保持并持续改进环境管理体系，确定如何实现这些要求的，并形成文件。
>
> 组织应界定环境管理体系覆盖的范围，并形成文件。

【理解要点】

(1)这是对组织的一个总体要求，首先要求组织按本标准的要求，建立文件化的环境管理体系，然后要实施和保持已建立的环境管理体系，同时要持续改进环境管理体系。

(2)借鉴“审核范围”的定义可将环境管理体系的范围理解为通常包括对实际位置、组织单元、活动和过程以及所覆盖的时期的描述。

【例如】

(1) 环境管理体系的范围包括具体的某一个厂区，或具体的哪些职能部门/车间，或具体活动和过程或具体产品等。

(2) 认证机构通常在认证证书上描述组织环境管理体系范围时，同时描述组织具体的地理位置和组织提供的具体产品或服务以及相关管理活动。

【审核要点】

(1) 要完全独立地审核此条款，难度较大，几乎不可能，只有通过对本标准所有条款审核完成后，得出综合结论，即完成了对本条款的审核。

(2) 可以通过审核相关文件，证明组织是否正确描述了环境管理体系范围。

4.2 环境方针

【标准条文】

> 最高管理者应确定本组织的环境方针，并在界定的环境管理体系的覆盖范围内，确保其：
> a) 适合于组织活动、产品和服务的性质、规模和环境影响；
> b) 包括对持续改进和污染预防的承诺；
> c) 包括对遵守与其环境因素有关的适用法律法规要求和其他要求的承诺；
> d) 提供建立和评审环境目标和指标的框架；
> e) 形成文件，付诸实施，并予以保持；
> f) 传达到所有为组织工作或代表组织工作的人员；
> g) 可为公众所获取。

【相关术语】

(1) 最高管理者(top management)。在最高层指挥和控制组织的一个人或一组人。

(2) 组织(organization)。具有自身职能和行政管理的公司、集团公司、商行、企事业单位、政府机构、社团或其结合体，或上述单位中具有自身职能和行政管理的一部分，无论其是否具有法人资格、公营或私营。

注：对于拥有一个以上运行单位的组织，可以把一个运行单位视为一个组织。

(3) 环境方针(environmental policy)。由最高管理者就组织的环境绩效正式表述的总体意图和方向。

注：环境方针为采取措施以及建立环境目标和环境指标提供了一个框架。

(4) 持续改进(continual improvement)。不断对环境管理体系进行强化的过程，目的是根据组织的环境方针，实现对整体环境绩效的改进。

注：该过程不必同时发生于活动的所有方面。

(5) 污染预防(prevention of pollution)。为了降低有害的环境影响而采用(或综合采用)过程、惯例、技术、材料、产品、服务或能源以避免、减少或控制任何类型的污染或废物的产生、排放或废弃。

注:污染预防可包括削减或消除,过程、产品或服务的更改,资源的有效利用,材料或能源替代,再利用、回收、再循环、再生和处理。

【理解要点】

(1) 标准中对环境方针由谁负责制定、环境方针的内容(适合于组织,对遵守法规、污染预防和持续改进的承诺以及为目标指标提供框架)和环境方针的管理(形成文件,传达到员工,为公众获取)均做出了明确的规定。

(2) 关键是环境方针要适合于组织自身的特点。

【例如】

(1) ××机械制造公司环境方针。在产品的设计、制造和服务中,遵守国家、行业、地方环保法律法规。合理利用能源,实施污染预防,创建绿色环保企业。

公司承诺:

1) 按 ISO14001:2004 标准建立环境管理体系,保持有效运行;

2) 保护环境、预防污染、持续改进;

3) 遵守环境法规,不断提高员工的环境保护意识;

4)节能降耗、实现经济效益和社会效益的同步发展。

(2) ××机器制造公司环境方针。

1)××公司的一切经营活动均有利于生态的可持续发展;

2)××公司能够预知客户所关心的环保问题以及公众的期望,并与客户和合作伙伴一起开发最佳技术和工艺,从而实现能源和材料的高效持久利用,有效预防污染。

3)××公司具有丰富的专业知识,对环境风险与机遇能够作出快速反应。公司能够预知并遵守有关的环境法律法规。

4)××公司能够按照 ISO14001 标准要求,实施系统、协调的环境管理活动,不断提高环境作业成效,加强员工的敬业精神。

5)××公司拥有高效的联系网络,用以支持其环境战略和投资,高度重视针对环境总目标及效益所进行的内外部积极主动的沟通工作。

(3) ××建筑公司管理方针,包括质量管理体系(ISO9001:2000)、环境管理体系(ISO14001:2004)和职业健康安全管理体系(OHSAS18001:2001),具体如下:

科学管理　构建精品　保护环境　珍爱生命　持续改进

管理方针的内涵解释:

科学管理。坚持以人为本的原则,充分发挥全体员工的主观能动性和创造力,采用过程方法进行管理,不断创新,全面提升公司质量、环境和职业健康安全的管理水平。

构建精品。坚持以顾客为关注焦点,强化质量意识,实施品牌战略,周密策划,精心组织,积极采用先进的施工工艺,争创优质工作,确保顾客满意。

保护环境。坚持污染预防、提高员工环保意识,不断改善环境行为,保护环境,造福子孙后代,体现了可持续发展战略。我们致力于使本公司建筑产品具有环保、节能、适宜性的特征,施工过程具有节能、降耗、低污染的特征,建筑材料和施工工艺具有环保型特征。

珍爱生命。在施工管理活动中，致力于保证全体员工的健康和安全，用科学的管理举措控制可能导致事故的各种因素，降低可能导致事故的各种风险。

持续改进。质量、环境和职业健康安全管理是一个只有起点、没有终点的持续改进过程。在体系实施过程中，切实提高质量、环境和职业健康安全管理绩效，确保管理体系持续、有效运行。

【审核要点】

(1) 在审核管理层时，请管理层解释环境方针制定的过程以及环境方针的内涵和对环境方针如何管理等；

(2) 在部门审核时，通过与部门领导和员工的沟通与交流，判定其是否掌握环境方针的主要内容；

(3) 通过对目标、指标的审核，判定环境方针是否为建立和评审环境目标和指标提供框架；

(4) 通过抽查培训记录、信息交流记录和管理评审等方式，判定环境方针是否传达到员工、为公众所获取或定期评审修改等。

4.3 策划

4.3.1 环境因素

【标准条文】

> 组织应建立并保持一个或多个程序，用来：
>
> a) 识别其环境管理体系覆盖范围内的活动、产品和服务中能够控制、或能够施加影响的环境因素，此时还应考虑到已纳入计划的或新的开发、新的或修改的活动、产品和服务等因素；
>
> b) 确定对环境具有，或可能具有重大影响的因素(即重要环境因素)。
>
> 组织应将这些信息形成文件并及时更新。
>
> 组织应确保在建立、实施和保持环境管理体系时，对重要环境因素加以考虑。

【相关术语】

(1) 环境(environment)。组织运行活动的外部存在，包括空气、水、土地、自然资源、植物、动物、人以及它们之间的相互关系。

注：从这一意义上，外部存在从组织内延伸到全球系统。

(2) 环境因素(environmental aspect)。一个组织的活动，产品和服务中能与环境发生相互作用的要素。

注：重要环境因素是指具有或能够产生重大环境影响的环境因素。

(3) 环境影响(environmental impact)。全部或部分地由组织的环境因素给环境造成的任何有害或有益的变化。

【例如】

环境因素和环境影响的关系如表 2.2 所示。

表 2.2　环境因素和环境影响的关系

环境因素	环境影响
锅炉烟尘的排放	空气污染
废水的排放	水资源的污染
煤的消耗	自然资源消耗
厂里噪声的排放	噪声污染
废弃含油的抹布	土地污染

【理解要点】

(1) 标准中 4.3.1 提供了一个过程,供组织对环境因素进行识别,并从中确定环境管理体系应当优先考虑的那些重要环境因素。

(2) 组织应通过考虑和当前及过去的有关活动、产品和服务、纳入计划的或新开发的项目、新的或修改的活动以及产品和服务所伴随的投入和产出(无论是期望还是非期望的),识别其环境管理体系范围内的环境因素,这一过程中应考虑到正常和异常(如关闭与启动)的运行条件,以及可合理预见的紧急情况。

(3) 组织不必对每一种具体产品、部件和输入的原材料分别进行分析,而可以按活动、产品和服务的类别识别环境因素。

尽管对环境因素的识别不存在唯一的方法,但通常要考虑下列情况:

1) 向大气的排放;

2) 向水体的排放;

3) 向土地的排放;

4) 原材料和自然资源的使用;

5) 能源使用;

6) 能量释放(如热、辐射、振动等);

7) 废物和副产品;

8) 物理属性,如大小、形状、颜色、外观等。

(4) 除了能够直接控制的环境因素外,组织还应当对可能施加影响的环境因素加以考虑。例如其使用的产品和服务中的环境因素,及其所提供的产品和服务中的环境因素。以下提供了一些对这种控制和影响进行评价的指导。不过,在任何情况下,对环境因素控制和施加影响的程度都取决于组织自身。

应当考虑与组织的活动、产品和服务有关的因素,如:

1) 设计和开发;

2) 制造过程;

3）包装和运输；

4）合同方和供方的环境绩效和操作方式；

5）废物管理；

6）原材料和自然资源的获取和分配；

7）产品的分销、使用和报废；

8）野生动植物和生物多样性。

（5）对组织所使用产品的环境因素的控制和影响，因不同的供方和市场情况而有很大差异。例如，一个自行负责产品设计的组织，可以通过改变某种输入原料有效地对环境因素施加影响，而一个根据外部产品规范提供产品的组织在这方面的作用就很有限。

一般来说，组织对其提供的产品的使用和处置（例如用户如何使用和处置这些产品）控制作用有限。可行时，可以考虑通过让用户了解正确的使用方法和处置机制来施加影响。

（6）完全或部分地由环境因素引起的对环境的改变，无论其有益还是有害，都称之为环境影响。环境因素和环境影响之间是因果关系。

在某些方面，文化遗产可能成为组织运行环境中的一个重要因素，因而在理解环境影响时应当加以考虑。

由于一个组织可能有很多环境因素及相关的环境影响，应当规定确定重要环境因素的准则和方法。虽然不存在一种确定重要环境因素的唯一方式，但无论采用何种方式，都应当能提供一致的结果，并规定评价准则和评价方法。评价准则可包括环境事务、法律法规、内外部相关方的关注等方面的问题。

对于重要环境因素的信息，组织除在设计和实施环境管理体系时应考虑如何使用外，还应当考虑将其作为历史数据予以留存的必要。

在识别和评价环境因素的过程中，应当考虑到从事活动的地点，进行这些分析所需的时间和成本，以及可靠数据的获取。另外，还可以利用出自于规章或其他要求的信息。对环境因素的识别不要求做详细的生命周期评价。

对环境因素进行识别和评价的要求，不改变或增加组织的法律责任。

【举例】

（1）××建筑公司重要环境因素评价原则。

评价重要环境因素是从调查识别出的环境因素中，找出对环境有重大影响或潜在重大影响的环境因素，即重要环境因素。

1）对公司形象影响范围广，不符合环保法律法规和其他要求，社区强烈关注的，可直接确定为重要环境因素。

2）其他情况下可采用评分法确定重要环境因素，确定重要环境因素时应考虑下列情况：

① 影响范围；② 影响程度；③ 发生频次；④ 法规符合性；⑤ 社区关注度；⑥ 可节约程度。

3)重要环境因素评价标准，如表 2.3 所示。

表 2.3　重要环境因素评价标准

类型	内容	得分
a 影响范围	超出社区	5
	周围社区	3
	场界内	1
b 影响程度	严重	5
	一般	3
	轻微	1
c 发生频次	经常发生	5
	间断发生	3
	偶然发生	1
d 法规符合性	超标准	5
	未超标准	1
e 社区关注度	非常	5
	一般	3
	基本不关注	1
f 可节约程度	加强管理可明显见效	5
	改造工艺可明显见效	3
	较难节约	1
备注	当 a=5 或 b=5 或 c=5 或 d=5 或 e=5 或 f=5，或者总分 $\sum=a+b+c+d+e+f\geqslant 14$ 时，该环境可确定为重要环境因素	

(2)××机器制造公司按照生产活动类别识别的环境因素，如图 2.1 所示。

(3) ×× 机器制造公司对环境因素评价后，识别出的重要环境因素如表 2.4 所示。

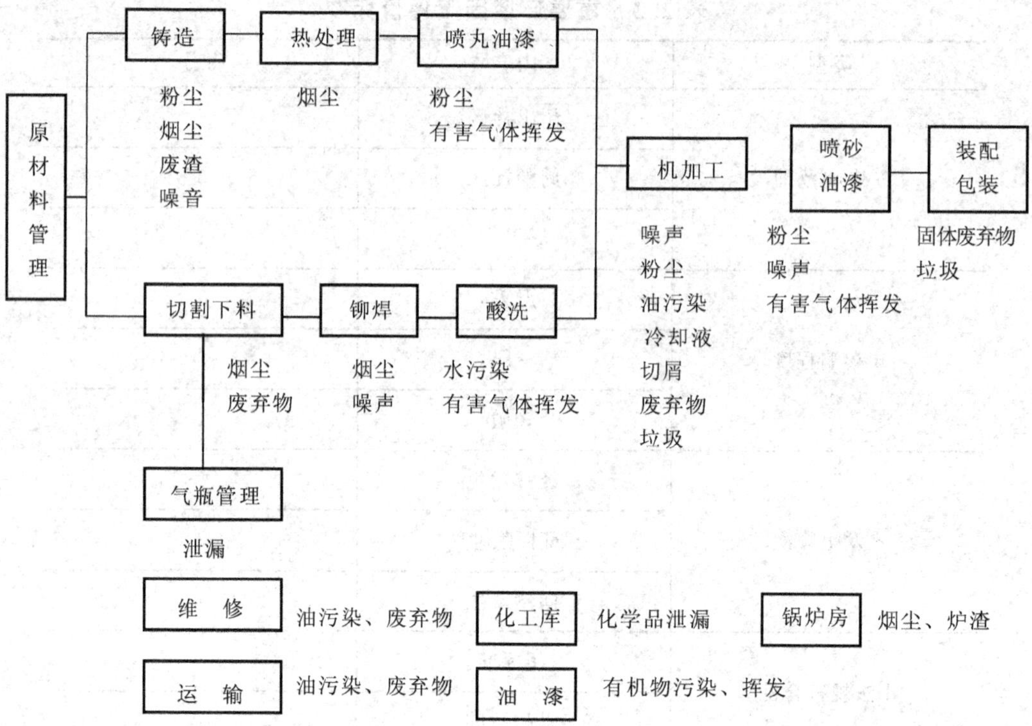

图 2.1　×× 机器制造公司按生产活动类别识别的环境因素

表 2.4　2006 年××机械制造公司重要环境因素清单

序号	重环境因素	环境因子/物质组分	涉及部门	活动/产品/服务	环境影响	时态	状态	适用的法律法规及其条款号	评价等级	建议控制措施
1	机床渗油	机油、润滑油	各机加工车间	设备渗漏	污染土地	现在	正常	中华人民共和国固体废物污染环境防治法 第四章 国家危险废物名录	B	环境管理方案、运行控制程序
2	固体废弃物	工业垃圾、生产垃圾、生活垃圾	铸造分厂、锅炉房、各车间、办公区	熔渣、炉渣、切屑、有机物类废弃物等		现在	正常	中华人民共和国固体废物污染环境防治法 第四章	B	环境管理方案、运行控制程序
3	火灾、爆炸事故的发生		各车间、油库、化工、油漆库、乙炔氧气瓶存放处			将来	紧急	机关、企业、事业单位消防安全管理规定，第三～五、十八～二十一、二十三～二十六、三十～三十三、三十六、三十八～四十、四十五条	A	应急准备及响应控制程序、运行控制程序

续 表

序号	重环境因素	环境因子/物质组分	涉及部门	活动/产品/服务	环境影响	时态	状态	适用的法律法规及其条款号	评价等级	建议控制措施
4	减少生产、生活用水、电消耗	水、电	动力处备用水、电部门	生产用水、电;生活用水、电	水、电资源消耗	现在	正常	西安市水资源管理办法第1,2,3,5,6,9,12,14,16,17,18,21,25,27,28条	A	环境管理方案、运行控制程序
5	铸造烟尘	烟尘	铸造分厂	熔炼、冲天炉排放	污染空气	现在	正常	中华人民共和国工业炉窑大气污染物排放标准第四节第二条	B	环境管理方案、运行控制程序

(4) ××纺织公司环境因素清单如表2.5所示。

表2.5 环境因素清单(部分)

序号	部门	过程	环境因素	环境影响	对应法律法规
1	前纺	消棉机运行	噪声排放	噪声污染	《中华全国环境噪声污染防治法》第7,25条
2	前纺	消棉机运行	飞花排放	空气污染	《中华人民共和国大气污染防治法》第12,13,14,15,20,21,45条
3	前纺	消棉机运	行粉尘排	放空气污染	
4	前纺	拣三丝	粉尘排放	空气污染	
5	前纺	找包机运行	飞花排放	空气污染	
6	准备	纱线上浆	废浆液排放	废水污染	《中华人民共和国固体废物污染环境防治法》第15,21,29,31,45,46,33条
7	准备	倍捻机运行	噪声排放	噪声污染	《中华人民共和国环境噪声污染防治法》第15,18,21,23,24,25,36条
8	准备	生产、办公	水电消耗	能源消耗	《中华人民共和国节约能源法》(全部)
9	准备	整经机生产中	飞花排放	空气污染	《中华人民共和国大气污染防治法》第12,13,14,15,20,22,45条
10	后纺	生产过程	飞花排放	人体健康	
11	后纺	设备运行	生产用电消耗	资源消耗	
12	后纺	设备运行	设备运行噪声排放	人体健康	

续 表

序号	部门	过程	环境因素	环境影响	对应法律法规
13	后纺	设备维修，油器储存	油品泄漏	土地污染	
14	供应科	原棉储存	火灾	大气污染	
15	整理	玛布机运转	飞花排放	空气污染	
16	整理	生产办公用水、电	用电、水消耗	能源消耗	
17	织造	有梭运转	噪声排放	环境污染	《中华人民共和国环境噪声污染防治法》第15,16,22,23,24,25,56条
18	织造	生产办公	水电排放	资源浪费	《中华人民共和国节约能源法》(全部)
19	织造	生产中	飞花排放	大气污染	《中华人民共和国环境噪声污染防治法》第15,16,21,23,24,25,55条
20	能环科	废水处理	污水排放	废水污染	《中华人民共和国水污染防治法》第7,14,15,28,41,42,45条
21	能环科	设备运行	噪声排放	噪声污染	《中华人民共和国环境噪声污染防治法》第15,16,21,23,24,25,55条
22	能环科	锅炉运行	烟尘排放	大气污染	《中华人民共和国大气污染防治法》第12,13,14,15,20,21,45条
23	能环科	办公	水电消耗	能源消耗	《中华人民共和国节约能源法》(全部)
24	能环科	锅炉运行	煤炭消耗	能源消耗	《中华人民共和国节约能源法》(全部)
25	能环科	锅炉运行	锅炉潜在爆炸	财产损失	《中华人民共和国节约能源法》(全部)
26	能环科	电器维修	废变压器油的处置	火灾隐患 土地污染	《中华人民共和国节约能源法》(全部)

【审核要点】

(1) 识别、评价、确定和更新环境因素(包括重要环境因素的形成文件的证据)。

(2) 结合其他要素的审核，收集组织在建立实施和保持环境管理体系时充分考虑了对重要环境因素进行控制的证据。

(3) 通过现场巡视，判定环境因素识别是否全面。现场巡视应关注下列方面：

1) 厂区内所有的排气筒；

2) 每个活动或过程是否会产生废水、废液；

3) 总排污口；

4）固废/液废的处置；

5）能源资源的消耗；

6）危险化学品的使用；

7）噪声的控制；

8）所有环保设施的使用情况。

(4) 在相关部门审核时，应关注下列记录：

1）环境影响评价报告、“三同时”验收报告；

2）各种污染物(废水、废气)的排放以及厂界噪声是否符合要求，对相关的环境因素是否做出了评价；

3）是否已按相关的法规要求识别出了本组织的危险废物，并按规定处置；

4）通过对能源消耗的统计与分析数据的审核，判断是否评价出能源消耗方面的重要环境因素；

5）通过对主要原材料的消耗的统计与分析数据的审核，判断是否评价出资源消耗方面的重要环境因素；

6）通过对相关记录、文件的审核，判断对可施加影响的相关方的重要环境因素是否已进行了调查与分析；

7）通过对现场观察和相关资料的审核确认没有遗漏重要的环境因素；

8）在监督审核时要特别关注环境因素是否已按程序要求进行更新。

(5) 审核过程中，审核员通常容易出现下述问题：

1）不关注组织提供给顾客的产品本身的环境因素的识别与控制；

2）不关注组织本身能源和资源的消耗情况；

3）不关注异常状况及紧急状态下可能产生的环境因素；

4）不关注环境影响评价报告中所提的环境因素。

4.3.2　*法律法规和其他要求*

【标准条文】

> 组织应建立、实施并保持一个或多个程序，用来：
>
> a）识别适用于其活动、产品和服务中环境因素的法律法规要求和其他应遵守的要求，并建立获取这些要求的渠道；
>
> b）确定这些要求如何应用于组织的环境因素。
>
> 组织应确保在建立、实施和保持环境管理体系时，对这些适用的法律法规要求和其他环境要求加以考虑

【理解要点】

(1) 组织应识别适用于其环境因素的法律法规要求，这些要求可包括：

1）国家或国际法律法规要求；

2）省部级的法律法规要求；

3）地方性法律法规要求。

(2) 组织应遵守的其他要求,例如:

1) 与政府机构的协议;

2) 与顾客的协议;

3) 非法规性指南。

(3) 我国主要的环境管理制度。

1) 环境影响评价制度。环境影响评价制度是指为了严格控制新的污染,对可能影响环境的工程建设、开发活动和各种规划项目,在工程兴建以前,对它的规划选址、设计以及在建设施工过程中和建成投产以后可能对环境造成的影响,进行调查、预测和评价,提出环境影响及防治方案报告,经主管当局批准后,进行建设的制度。它与"三同时"制度相辅相成。

2)"三同时"制度。"三同时"制度是指建设项目需要配套建设的环境保护设施,必须与主体工程同时设计、同时施工、同时投产使用的制度。其目的是为了防止建设项目产生新污染,破坏生态环境。它与环境影响评价制度相辅相成,是贯彻预防为主法律原则的一项重要的法律制度,是我国环境保护工作中的一项创举。

3)征收排污费制度。征收排污费制度是指向环境排放污染物以及向环境排放污染物超过国家或地方污染物排放标准的排污者,按照污染物的种类、数量和浓度,根据排污收费标准向环境保护主管部门设立的收费机关缴纳一定的治理污染或恢复环境破坏费用的法律制度。它是根据"污染者负担原则",污染者要承担对社会污染损害的责任,运用经济手段,控制污染的一项重要环境政策。排污者排放污染物,损害和污染了环境,造成了外部不经济性,所以应缴纳排污费用以补偿污染损害造成的经济损失。同时,通过经济手段的制约可以促使排污者改变粗放型落后的生产工艺,开发应用新技术,加强管理,减少污染物的排放。

4)限期治理制度。限期治理制度是指国家为了保障人民利益,对现已存在危害环境、位于环境敏感区域的污染源,或位于非敏感区域、造成严重污染或潜在严重污染的污染源,由法定机关做出决定,强令其在规定的期限内完成治理任务并达到规定要求的制度。

这是一项中国特有的比较典型的污染控制措施,也是我国目前普遍采用的、减轻或消除现有污染,改善环境质量状况的一项环境法律制度。

限期治理的范围可分为:

a) 区域性限期治理:是指对污染严重的某一区域、某个水域的限期治理。

b) 行业性限期治理:是指对某个行业性污染的限期治理。

5) 排污申报登记制度。排污申报登记制度是指由排污者向环境保护行政主管部门申报其污染物的排放和防治情况,接受监督、管理的一项法律。它是以改善环境质量为目标,以污染物总量控制为基础,对排污单位排放的污染物、污染物排放量和污染物的排放去向所作的规定。

6)环境保护许可证制度。环境保护许可证制度是指从事有害或可能有害环境的活动之前,必须向有关管理机关提出申请,经审查批准,发给许可证后,方可进行该活动的一整套管理措施。它是环境行政许可的法律化,是环境管理机关进行环境保护监督、管理的重要手段。

7)污染物排放总量控制制度。污染物排放总量控制制度正在形成过程中,目前已在全国各地进行试点工作,准备全面推广。在《中华人民共和国水污染防治法》《中华人民共和国海洋环境保护法》《中华人民共和国大气污染防治法》等法律中已明确规定了污染物排放总量控制。

(4) 2007年环境管理体系国家注册审核员笔试大纲中要求审核员掌握的环境管理法律法规和其他要求的相关内容(具体法规、标准见本教程附录)。

1)《中华人民共和国大气污染防治法》:

第一章 总则 第五～七条;

第二章 大气污染防治的监督管理;

第三章 防治燃煤产生的大气污染 第三十～三十一条;

第四章 防治机动车船排放污染 第三十二～三十三条;

第五章 防治废气、尘和恶臭污染;

第六章 第四十八条。

2)《中华人民共和国水污染防治法》:

第一章 总则 第二条、第五条;

第三章 水污染防治的监督管理 第十三～十六条、第十九～二十四条;

第四章 防止地表水污染;

第五章 防止地下水污染;

第七章 附则 第六十条。

3)《中华人民共和国噪声污染防治法》:

第一章 总则 第二～三条、第七条;

第二章 环境噪声污染防治的监督管理 第十三～十九条;

第三章 工业噪声污染防治 第二十二～二十五条;

第四章 建筑施工噪声污染防治;

第六章 社会生活噪声污染防治 第四十一条、第四十三条;

第八章 附则 第六十三条;

4)《中华人民共和国固体废物污染防治法》:

第一章 总则 第二、第九～十条;

第二章 固体废物污染环境的监督管理 第十二～十四条;

第三章 固体废物污染环境的防治;

第一节 一般规定第二十～二十五条;

第二节 工业固体废物污染环境的防治 第二十九～三十四条;

第四章 危险废物污染环境防治的特别规定 第四十四～四十六条、第四十九～五十八条;

第六章 附则 第七十四～七十五条。

5)《中华人民共和国环境影响评价法》:

第一章 总则;

第三章 建设项目的环境影响评价 第十六～十七条、第二十～二十七条。

6)《建设项目分类管理名录》:能够正确使用、查阅第一批、第二批分类管理名录。

7)环境保护许可证:

① 防止环境污染许可证：排污许可证、危险废物收集、储存、处置许可证等；

② 防止环境破坏许可证：如林木采伐许可证、采矿许可证等；

③ 整体环境保护许可证：建设规划许可证

8)限期治理：限期治理的含义、要求。

9)《排污费征收使用管理条例》：

第一章 总则；

第二章 污染物排放种类、数量的核定 第十条。

10)《污水综合排放标准》：1 主题内容与适用范围；3 定义；4 技术内容中 4.1、4.2。

11)《大气污染物综合排放标准》：1 主题内容与适用范围；3 定义；4 指标体系；5 排放速率标准分级；6 标准值；7 其他规定。

12)《工业企业厂界噪声标准》：1 标准的适用范围。

13)建筑施工厂界噪声标准：1 适用范围；2 标准值。

14)《地表水环境质量标准》：1 范围；3 水域功能和标准分类。

15)《环境空气质量标准》：1 主题内容与适用范围；3 定义；4 环境空气质量功能区的分类和标准分级。

16)《城市区域噪声标准》：1 主题内容与适用范围；4 各类标准的适用区域；5 夜间突发噪声；6 区域及时间的划定。

注：对于标准不必死记硬背具体的标准值，重点是会应用。

17)《国家危险废物名录》：了解该名录，会查阅。

18)《危险废物转移联单管理办法》：第四～十条、第十四条。

19)《危险化学品安全管理条例》：

第一章 总则 第二～四条；

第二章 危险化学品的生产、储存和使用第八～二十四条；

第三章 危险化学品的经营 第二十七条、第二十九条、第三十一条；

第四章 危险化学品的运输 第三十五条、第三十七～三十八条、第四十～四十三条；

第五章 危险化学品的登记与事故应急救援 第五十～五十一条。

20) 自愿性原则或业务规范；

21) 自愿性环境标志；

22) 行业协会的要求；

23) 与社区团体或非政府组织的协议；

24) 组织或其上级组织对公众的承诺；

25) 本组织的要求。

在识别法律法规和其他要求的过程中，通常要确定组织的环境因素对应"法律法规和其他要求"中的具体要求[例如具体的条款号]。

【审核要点】

(1) 通过对组织收集的"法律法规和其他要求"清单的审核，判定组织收集到的法律法规和它要求是否全面和现行有效；从而判定组织是否建立了获取这些要求的渠道和方法，包括跟踪和获取要求变化和发展的信息；

(2) 通过对每个部门环境因素的审核，判定组织是否将环境因素和具体的法律法规要求相联系；

(3) 通过对重要环境因素相关人员和管理者的抽查审核，判定组织相关人员是否了解法律法规的要求；

(4) 通过合规性评价的审核(见4.5.2)，以评价组织对法律法规的遵守情况。

4.3.3　目标、指标和方案

【标准条文】

> 组织应对其内部各个有关职能和层次，建立、实施并保持形成文件的环境目标和指标。
>
> 如可行，目标和指标应可测量。目标和指标应符合环境方针，包括对污染预防、持续改进和遵守适用的法律法规要求和其他要求的承诺。
>
> 组织在建立和评审环境目标时，应考虑法律法规要求和其他要求，以及它自身的重要环境因素。此外，还应考虑可选技术方案，财务、运行和经营要求，以及相关方的观点。
>
> 组织应制定、实施并保持一个或多个用于实现其目标和指标的方案，其中应包括：
>
> a) 规定组织内各有关职能和层次实现目标和指标的职责；
>
> b) 实现目标和指标的方法和时间表。

【相关术语】

(1) 环境目标(environmental objective)。组织依据其环境方针规定的自己所要实现的总体环境目的。

(2) 环境指标(environmental target)。由环境目标产生，为实现环境目标所须规定并满足的具体的绩效要求，它们可适用于整个组织或其局部。

(3) 方案(programme)。标准中没有明确的定义，但其中应包括：

1) 规定组织内各有关职能和层次实现目标和指标的职责；

2) 实现目标和指标的方法和时间表。

【理解要点】

(1) 目标和指标应当具体，可行时应当是可测量的。此外，目标和指标还应当兼顾短期和长期的需要。

(2) 对技术的选择，应当根据自身的经济条件，考虑选用适宜的、成本效益高的最佳可行技术。

(3) 对组织财务要求的考虑，不意味着组织必须运用环境成本核算方法。

(4) 制定并实施一个或多个方案，对于环境管理体系的成功实施非常重要，方案中应当说明如何实现组织的环境目标和指标，包括时间进度、所需的资源和负责实施方案的人员。方案可予以细化，具体到组织运行的基本单元。

(5) 在适当和可行时，方案中应当全面考虑计划、设计、生产、营销和处置等各个阶段。无论是当前的还是新增的活动、产品或服务，都可以在这些方面进行考虑。对于产品，可从计划、设计、材料、生产过程、使用和最终处置进行考虑。对于安装或过程的重大修改，可从计划、设计、施工、试运行、运行，以及根据组织决定的适当时间退出使用等方面考虑。

【举例】

(1) ××机器制造公司2006年环境目标、指标和方案如表2.6所示。

表2.6 ××机器制造公司2006年环境目标、指标、环境管理方案汇总(部分)

序号	环境因素	目标	指标	环境管理方案
1	机油渗漏	不对土地造成污染	不污染土地	① 生产部、环境安全处监督设备维修车间对设备渗、漏油情况进行定期检查，并考核评分。 ② 设备维修车间要对全公司设备进行定期的检查，发现问题及时修复。 ③ 对2005年维修的设备要进行复查，发生问题要及时上报
2	水、电资源消耗	减少用水、电的消耗	水量消耗比2005年减少1万吨，电量消耗与去年持平	① 对工频炉、树脂砂、空压站用水情况进行定期监控，坚持生产循环用水，提高废水处理回收利用的能力(1千吨)。 ② 对烘缸水压试验系统进行监控和维护，增加回收循环利用水的能力(2千吨)。 ③ 加强和完善用水计量工作，确保用水数据的准确性、合理性(1千吨)。 ④ 对锅炉内所有用水设施进行更新节水工艺改造(3千吨)。 ⑤ 加强用电管理，加快用电设施的改造，努力提高用电效率，进一步完善用电计量装置和用电成本分摊责任，减少电能的浪费。 ⑥ 动力处采取对各部门用水、电量情况进行统计、下发，确保火、电受控
3	铸造冲天炉烟尘排放	烟尘排放达标《工业炉窑大气污染物排放标准》烟尘浓度	1. 200mg/m^3 2. 烟气黑度林格曼级1级	改造冲天炉除尘设施，对高温烟气采用二级除尘方式，第一级降低烟气温度，去除大颗粒粉尘，第二级采用袋式除尘器

(2) ××纺织公司目标、指标与方案(部分)如表2.7所示。

表 2.7　××纺织公司目标、指标与环境管理方案(部分)

序号	目标	指标	方法措施	启动日期	完成日期
1	污水中 COD 达标排放	污水中 COD 值降低至 100 mg/L 以下	1. 保证维修质量； 2. 污水泵大修	2005 年 4 月	2005 年 7 月
2	厂界噪声达标排放	厂西界噪声昼间降至 65dB 以下，夜间降至 55dB 以下	锅炉鼓引风机加装变频器	2005 年 7 月	2005 年 9 月
3	生产锅炉烟囱烟尘浓度达标排放	烟尘排放浓度降至 200 mg/m^2 以下，烟尘黑度达到 1 级水平	对麻石除尘器进行大修	2005 年 5 月	2005 年 9 月
4	固体废弃物分类处置(危废)	年内实现危废处置合法化	1. 设置危险废物分类存放点； 2. 选定有处置危废资质证明的单位	2005 年 4 月	2005 年 12 月
5	降低用电量	棉布用电量完成 1 850 kW·h/hm，棉纱用电量完成 1 628 kW·h/t	1. 加强测电检查，降低设备空耗； 2. 锅炉鼓引风机加装变频器； 3. 减少车间灯管数量 100 套	2005 年 4 月	2005 年 12 月
6	降低用水量	棉布用水单耗完成 0.9 m^3/hm；棉纱用水单耗完成 60 m^3/t	1. 空调室加装浮球阀(5 套)； 2. 麻石除尘冲渣水系统加装除污并提高循环点水率	2005 年 5 月	2005 年 8 月

【审核要点】

(1) 通过对目标、指标和方案内容的审核，判定组织的目标、指标和方案的制定是否合理和可操作；

(2) 逐一检查目标、指标和方案的执行情况，判定是否符合组织自身的规定；

(3) 对未按规定完成者，应了解其原因。

4.4　实施与运行

4.4.1　资源、作用、职责和权限

【标准条文】

> 管理者应确保为环境管理体系的建立、实施、保持和改进提供必要的资源。资源包括人力资源和专项技能、组织的基础设施以及技术和财力资源。
>
> 为便于环境管理工作的有效开展，应当对作用、职责和权限作出明确规定，形成文件，并予以传达。
>
> 组织的最高管理者应专门任命管理者代表，无论他（们）是否还负有其他方面的责任，应明确规定其作用、职责和权限，以便：
>
> a）确保按照本标准的要求建立、实施和保持环境管理体系；
>
> b）向最高管理者汇报环境管理体系的运行情况以供评审，并提出改进建议。

【理解要点】

（1）环境管理体系的成功实施需要为组织或代表组织工作的所有人员的承诺。因此，不能认为只有环境管理部门才承担环境方面的作用和职责，事实上，组织内的其他部门，如运行管理部门、人事部门等，也不能例外。

（2）这一承诺应当始于最高管理者，他们应当建立组织的环境方针，并确保环境管理体系得到实施。作为上述承诺的一部分，最高管理者指定专门的管理者代表，规定他们对实施环境管理体系的职责和权限。对于大型或复杂的组织，可以有若干名管理者代表。对于中、小型企业，可由一个人承担这些职责。最高管理者还应当确保提供建立、实施和保持环境管理体系所需的适当资源，包括组织的基础设施，例如建筑物、通信网络、地下储灌、下水管道等。

（3）另一重要事项是妥善规定环境管理体系中的关键作用和职责，并传达到为组织或代表组织工作的所有人员。

【举例】

对于大多数组织而言，一般通过下列方式满足本条款的要求：

（1）在管理手册中明确规定最高管理者、管理代表、其他管理层人员、相关部门负责人和相关人员在环境管理体系方面的职责和权限。

（2）通过职能分配表更清晰地表明上述人员所负责的环境管理体系具体条款，便于部门之间的相互协调。通过程序文件或作业指导书进一步明确相关人员在环境管理体系具体活动中的职责。

【审核要点】

本条款的审核相对简单，一是通过书面的审核（即管理手册、程序文件等），判定组织是否明确了环境管理体系的资源、作用、职责和权限；二是通过对管理层和部门负责人的沟通等方式了解，相关人员是否清楚其资源、作用、职责和权限；三是通过对具体的环境管理活动的审核，证实相关人员是否落实了相应的职责和权限。

【例如】

对生产车间而言，审核员要了解：

1）生产的具体产品；

2）本车间组织机构，技术管理人员的人数和相应职责、操作工人人数和相应职责；

3）车间基础设施，生产加工设备情况、环保设施情况；

4）本车间环境因素和主要环境因素以及相应的运行控制。

4.4.2　能力、培训和意识

【标准条文】

> 组织应确保所有为它、或代表它从事可能具有重大环境影响的工作的人员，都具备相应的能力。该能力基于必要的教育、培训或经历。组织应保存相关的记录。
>
> 组织应确定和其环境因素和环境管理体系有关的培训需求并提供培训，或采取其他措施来满足这些需求。
>
> 组织应建立、实施并保持一个或多个程序，使为它或代表它工作的人员都意识到：
>
> a）符合环境方针与程序和符合环境管理体系要求的重要性；
>
> b）他们工作中的重要环境因素和实际或潜在的重大环境影响，以及个人工作的改进所能带来的环境效益；
>
> c）他们在实现与环境管理体系要求符合性方面的作用与职责；
>
> d）偏离规定的运行程序的潜在后果。

【相关术语】

（1）能力(competence)。经证实的个人素质以及经证实的应用知识的本领。

（2）教育与培训。教育是指培养人的工作，如学校教育、家庭教育培训即培养和训练，是受教育者获得一定知识和技能的活动。

【标准理解】

（1）组织应当确保所有对环境管理体系运行负有职责和权限并代表其执行任务的人员都具备所需的意识、知识、理解和技能。

（2）本标准要求：

1）其工作可能产生重大环境影响的人员，能够胜任所承担的工作；

2）确定培训需求，并采取相应措施加以落实；

3）所有人员了解组织的环境方针和环境管理体系，以及与他们工作有关的组织活动、产品和服务中的环境因素。

（3）可通过培训、教育或工作经历，获得或提高所需的意识、知识、理解和技能。

（4）组织应当要求代表其工作的合同方能够证实他们的员工具有必要的能力和(或)接受了适当的培训。

（5）为确保人员(特别是行使环境管理职能的人员)的能力，管理者应当确定其所需的经验、技能和培训水平。

【举例】

对大多数组织而言，一般可通过下列方式满足本条款的要求：

（1）组织应规定可能具有重大环境影响的各岗位人员的能力需求(包括教育、培训、技能和经验)。

（2）各部门针对本部门实际情况提出培训要求。

（3）主管部门制定培训计划并实施，确保员工达到相应的意识。

【审核要点】

（1）检查具有重要环境影响的岗位是否具有岗位的能力需求。

（2）在具有重要环境影响的岗位，抽查相关人员，看他们是否具备相应的意识。

4.4.3　信息交流

【标准条款】

组织应建立、实施并保持一个或多个程序，用于有关其环境因素和环境管理体系的： a）组织内部各层次和职能间的信息交流； b）与外部相关方联络的接收、形成文件和回应。 组织应决定是否对它的重要环境因素与外界进行信息交流，并将其决定形成文件。如决定进行外部交流，则应规定交流的方式并予以实施。

【相关术语】

（1）相关方（imterested party）。关注组织的环境绩效或受其环境绩效影响的个人或团体。

（2）信息（information）。有意义的数据。

【理解要点】

（1）内部交流对于确保环境管理体系的有效实施至关重要。内部交流可通过例行的工作会议、通信简报、公告板、内联网等手段或方法进行。

（2）组织应当按照程序，对来自相关方的交流信息进行接收、形成文件并作出回应。程序可包含与相关方交流的内容，以及对他们所关注问题的考虑。在某些情况下，对相关方关注的响应，可包含组织运行中的环境因素及其环境影响方面的内容。这些程序中，还应当包含就应急计划和其他问题与有关公共机构的联络适宜。

（3）组织在对信息交流进行策划时，一般还要考虑进行交流的对象、交流的主题和内容、可采用的交流方式等方面的问题。

（4）在考虑就环境因素进行外部信息交流时，组织应当考虑所有相关方的观点和信息需求。如果决定就环境因素进行外部信息交流，组织可以制定一个相关的程序。程序可因所交流的信息类型、交流的对象及组织的个体条件等具体情况的不同而有所差别。进行外部的手段可包括年度报告、通信简报、网站和社区会议等。

【举例】

（1）××机器制造公司内部信息交流的主要内容：

1）有关公司经营发展的重大问题；

2）环境因素；

3）重要环境因素（对重要环境因素的控制情况与重要环境因素相关的运行与活动的控制中的有关重要信息）；

4）法律法规及其他要求的遵循情况；

5）环境目标、指标、方案及完成情况和效果；

6）内、外审，管理评审信息；

7）检测、测量结果；

8）不符合与纠正预防情况；

9）应急准备与响应情况；

10）环境培训情况；

11）公司有关环境管理工作的公文等；

12）各部门之间、部门与项目之间、环境管理工作岗位之间的日常交流联络、常规报表、其他信息通报等。

（2）××机器制造公司外部信息交流的主要内容：

1）邻居（单位、社区居民）等相关方面的投诉和抱怨；

2）新的环境法律法规和其他要求；

3）来自市场及业主的信息；

4）来自供方和承包方的信息；

5）来自行业主管部门、上级公司的信息；

6）其他外部相关方的信息；

7）公司向外传递的信息（年度报告、通信简报、网络等）；

8）与政府部门及社会相关方的协商与交流。通过互联网、报纸与社会相关方进行交流，积极参加政府环保部门召开的相关会议。

【审核要点】

（1）审核时应着重内部、外部信息交流达到的实际效果。例如，可通过电话随机抽查供方、承包方、社区、政府主管部门对组织环境管理体系的满意程度。

（2）抽查组织内部相关人员是否已形成内部信息交流的习惯。

4.4.4　文件

【标准条款】

环境管理体系文件应包括： a）环境方针、目标和指标； b）对环境管理体系的覆盖范围的描述； c）对环境管理体系主要要素及其相互作用的描述，以及相关文件的查询途径； d）本标准要求的文件，包括记录； e）组织为确保对涉及重大环境因素的过程进行有效策划、运行和控制所需的文件，包括记录。

【相关术语】

（1）文件（document）。信息及其承载的媒体。

注：媒体可以是纸张，计算机磁盘、光盘或其他电子媒体，照片或标准样品，或它们的组合。

（2）程序（procedure）。为进行某项活动或过程所规定的途径。

注：程序可以形成文件，也可以不形成文件。

（3）记录（record）。阐明所取得的结果或提供所从事活动的证据的文件。

【理解要点】

（1）文件的详尽程度，应当足以描述环境管理体系及其各部分协同运作的情况，并指示获取环境管理体系某一部分运行的更详细信息的途径。可将环境文件纳入组织所实施的其他管理体系的文件，而不强求采取手册的形式。

(2) 对不于同的组织，环境管理体系文件的规模可能由于以下方面的差别而各不相同：

1) 组织及其活动、产品或服务的规模和类型；

2) 过程及其相互作用的复杂程度；

3) 人员的能力。

(3) 这些文件可包括：

1) 环境方针、目标和指标；

2) 重要环境因素信息；

3) 程序；

4) 过程信息；

5) 组织机构图；

6) 内、外部标准；

7) 现场应急计划；

8) 记录。

(4) 对于程序是否形成文件，应当从下列方面考虑：

1) 不形成文件可能产生的后果，包括环境方面的后果；

2) 用来证实遵守法律法规和其他要求的需要；

3) 保证活动一致性的需要；

4) 形成文件的益处，例如易于交流和培训，从而加以实施；易于维护和修订，避免含混和偏离，提供证实功能，有直观性等；

5) 出于本标准的要求。

(5) 不是为环境管理体系所制定的文件，也可用于本体系。此时应当指明其出处。

【举例】

(1) ××机器制造公司环境管理体系文件结构，如表 2.8 所示。

1) 环境管理手册；

2) 环境管理体系程序文件(共 17 个)。

表 2.8　ISO14001 环境管理体系文件目录

序号	编号	名　称
1	E010001	环境管理手册
2	E010002	环境因素的识别与评价程序
3	E010003	环境方针、目标、指标和方案控制程序
4	E010004	环境法律与其他要求控制程序
5	E010005	信息系统控制程序
6	E010006	文件控制程序
7	E01007	运行控制程序
8	E01008	对相关方环境施加影响程序

续表

序号	编号	名称
9	E01009	新改扩项目环境影响管理程序
10	E010010	应急准备和响应控制程序
11	E010011	环境及法律法规符合性监视和测量控制程序
12	E010012	不符合、纠正措施和预防措施控制程序
13	E010013	内部审核程序
14	E010014	管理评审程序
15	E010015	记录控制程序
16	E019106	人力资源管理程序
17	E019100	监视和测量装置控制程序

3）环境管理体系作业指导书(部分)。

① E020013《固体废弃物管理规定》；

② E020012《厂区垃圾管理规定》；

③ E020003《废水控制规定》；

④ E020004《大气污染控制规定》；

⑤ E020002《噪声管理规定》；

⑥ E020005《化学品、油品管理规定》；

⑦ E020008《油存放与废油处理规定》；

⑧ E020020《切屑的收集和处置规定》；

⑨ E020019《切屑废液收集处理规定》；

⑩ E020009《能源和资源使用管理规定》；

⑪ E020007《消防设施、器材管理规定》；

⑫ E020008《易燃和易爆品管理规定》。

【审核要点】

(1) 现场审核前主要审核环境管理手册、程序文件和作业指导书等是否符合本标准和组织的要求。

(2) 现场审核过程中，对文件审核来讲，重点审核组织为确保对涉及重要环境因素的过程进行有效策划、运行和控制所需的文件和记录。例如：各类策划类文件(包括环境管理方面的各种计划，如培训计划、环保设施购置计划、管理方案等)、运行类文件(例如各种设施运行操作规程、各种作业指导书等)和控制类文件(包括关键特性的监视和测量、不合格处理等)。

4.4.5 文件控制

【标准条款】

应对本标准和环境管理体系所要求的文件进行控制。记录是一种特殊的文件，应按照4.5.4的要求进行控制。

组织应建立、实施并保持一个或多个程序，以规定：

a) 在文件发布前进行审批，确保其充分性和适宜性；

b) 必要时对文件进行评审和更新，并重新批准；

c) 确保对文件的修改和现行修订状态做出标识；

d) 确保在使用处能得到适用文件的有关版本；

e) 确保文件字迹清楚，易于识别；

f) 确保对策划和运行环境管理体系所需的外来文件做出标识，并对其发放予以控制；

g) 防止对过期文件的非预期使用，如须将其保留，要做出适当的标识。

【理解要点】

(1) 本条款旨在确保组织对文件的建立和保持能够充分适应实施环境管理体系的需要，但组织应当把主要注意力放在对环境管理体系的有效实施及其环境绩效上，而不是放在建立一个繁琐的文件控制系统上。

(2) 通过对文件主管部门和生产车间、职能部门文件控制情况的随机抽查，评价环境管理体系文件是否得到有效控制。

(3) 审核员不宜过分夸大文件和文件控制的作用，不要随意要求组织应该编什么样的文件或者要求文件要加盖“受控”印章等，更不能要求组织“干任何事都要有文件”“干完工作必须要有记录”“没有记录等于没有干工作”等，这都是犯了极端主义的毛病，审核员一定要避免。

4.4.6 运行控制

【标准条款】

组织应根据其方针、目标和指标，识别和策划与确定的重要环境因素相关的运行，以确保其通过下列方式在规定的条件下进行。

a) 建立、实施并保持一个或多个形成文件的程序，以控制因缺乏程序文件而导致偏离环境方针、目标和指标的情况；

b) 在程序中规定运行准则；

c) 对于组织所使用的产品和服务中所确定的重要环境因素，应建立、实施并保持程序，并将适用的程序和要求通报供方和合同方。

【理解要点】

(1) 组织应当评价与所确定的重要环境因素有关的运行，并确保在运行中能够控制或减少有害的环境影响，以满足环境方针的要求，实现环境目标和指标。所有的运行，包括维护活动都应当做到这一点。

(2) 在环境管理体系中，本部分是关于在日常运行中贯彻体系要求的规定。其中4.4.6 a)还规定对缺乏成文程序可能导致偏离环境方针、目标和指标的情况要用成文程序加以控制。

【举例】

(1) 例如:××机械制造公司针对“油的泄漏”这个重要环境因素,所涉及的有关过程可能是采购过程、运输过程、设备维修过程、废油处置过程等,将这些相关过程确定后,根据不同过程中的“油的泄漏”情况策划具体的控制方法。

(2) 运行控制程序通常包括:

1) 废水管理程序;

2) 废气管理程序;

3) 固体废弃物管理程序;

4) 危险废弃物管理程序;

5) 资源能源管理程序;

6) 相关方(供方与合同方)管理程序;

7) 化学品管理程序;

8) 噪声管理程序;

9) 设施、设备操作和维护程序。

(3) 组织的主要污染源通常和下列区域或设施有关:

1) 污染源处置的设施、设备运行状况,如工艺废气净化装置或设施,废水收集设施等;

2) 锅炉房等烟气净化、除尘装置;

3) 污水处理厂(站、池、设备、单元等);

4) 固体废弃物存放区域;

5) 化学品、危险品库房、化验室等;

6) 确认企业周边存在的敏感区域(如河道、居民区、保护区等)。

(4) 关注以上内容的状况是否正常,确认:

1) 是否具备相应的设施、设备、装置;

2) 有关监测、测量设备是否完好有效;

3) 是否具备排污的有关规定;

4) 固体废弃物存放区域、化学品、危险品库房的管理状况(存放种类、数量、温度、防护、泄漏应急措施等)

【审核要点】

(1) 本条款的审核是环境管理体系审核的重点,审核工作一般包括对车间外部的审核和对车间内部的审核。

(2) 对车间外部的审核,指的是审核工厂水(包括循环水等)、电(配电站)、气(包括锅炉燃烧供应的热蒸汽、空压站供应的压缩空气、中央空调供应的热气、冷气、煤气站供应的煤气和其他可燃气体(例如天燃气、乙炔气等))供应过程的运行控制和固废处置区、危废处置区、危险化学品储存区、废水处理站等过程的运行控制。上述设施一般都设置在非生产区(即生产车间外部)。很多审核员往往只重视对车间内部的运行控制,忽视了对车间外部运行过程的控制。

(3) 对车间内部运行过程的控制审核,一定要关注:

1) 所有环保设施(包括除尘装置,净化装置,吸、排风装置,油烟分离装置,降低噪声的各种装置，污水处置装置等）的运行控制；

2）车间内所有对外排气筒的控制与管理；

3）固废/危废的控制情况；

4）危险化学品使用控制情况（MSDS）；

5）废水、废液控制情况；

6）噪声控制情况等；

7）资源能源节约控制。

（4）另外要关注对供方和合同方的控制。

4.4.7 应急准备和响应

【标准条款】

组织应建立、实施并保持一个或多个程序，用于识别可能对环境造成影响的潜在的紧急情况或事故，并规定响应措施。

组织应对实际发生的紧急情况和事故做出响应，并预防和减少随之产生的有害环境影响。

组织应定期评审其应急准备和响应程序。必要时对其进行修订，特别是在事故或紧急情况发生后。

可行时，组织还应定期试验上述程序。

【理解要点】

每个组织都有责任制定适合其自身情况的一个或多个应急准备和响应程序。组织在制定这类程序时应当考虑：

1）现场危险品的类型，如存在易燃液体，储罐、压缩气体等，以及发生溅洒或意外泄漏的应对措施等；

2）对紧急情况或事故类型和规模的预测；

3）处理紧急情况或事故的最适当方法；

4）内、外部联络计划；

5）把环境损害降低到最低的措施；

6）针对不同类型的紧急情况或事故的补救和响应措施；

7）事故后考虑制定和实施纠正和预防措施的需要；

8）定期试验应急响应程序；

9）应急响应程序实施人员的培训；

10）关键人员和求援机构（如消防、泄漏清理等部门）名单，包括详细联络信息；

11）疏散路线和集合地点；

12）周边设施（如工厂、道路、铁路等）可能发生的紧急情况和事故；

13）邻近单位相互支援的可能性。

【举例】

××机器制造公司应急计划包括：

(1) 防火灾应急计划;

(2) 防毒气、乙炔爆炸应急计划;

(3) 防油品、危险化学品泄漏污染应急计划(按照不同危险化学品 MSDS 编制);

(4) 污水处理设施突发事件应急计划;

(5) 重要环保设施突发事件应急计划。

【审核要点】

(1) 本条款审核思路同 4.4.6 运行控制条款。

(2) 审核重点应放在相关人员对应急准备和响应程序的熟悉程度以及程序的可操作性。

4.5 检查

4.5.1 监视和测量

【标准条款】

组织应建立、实施并保持一个或多个程序,对可能具有重大环境影响的运行的关键特性进行例行监视和测量。程序中应规定将监测环境绩效、适用的运行控制、目标和指标符合情况的信息形成文件。 组织应确保所使用的监测和测量设备经过校准或验证,并予以妥善维护,且应保存相关的记录。

【相关术语】

环境绩效(environmental performance)。组织对其环境因素进行管理所取得的可测量结果。

注:在环境管理体系条件下,可对照组织的环境方针、环境目标、环境指标及其他环境绩效要求对结果进行测量。

【理解要点】

(1) 一个组织的运行可能包括多种特性。例如:与废水排放监测和测量相关的特性可包括生化需氧量、化学需氧量、温度和 pH 值等。

(2) 对监测和测量取得的数据进行分析,能够识别类型并获取信息。这些信息可用于实施纠正和预防措施。

(3) 关键特性是指组织在决定如何管理重要环境因素、实施环境目标和指标、改进环境绩效时需要考虑的那些特性。

(4) 为保证测量结果的有效性,应当按规定的时间间隔,或在使用前,根据测量标准对测量仪器进行校准或验证。测量标准要以国家标准或国际测量标准为依据。如果无上述标准应当保存对校准依据的记录。

【举例】

××机器制造公司监视和测量的职责如下:

1) 环保处负责对环境绩效有关的运行控制、环境目标和指标完成情况进行监督检查;负责联系政府监测部门,在有必要时对公司污染物排放进行监测;

2) 动力处负责能源使用情况的监控,以及节能降耗措施的实施情况检查;

3）质量处负责环境测量和监视设备的校准和管理；

4）销售处、行政处负责废弃物的处理并统计其排放量；·

5）生产车间负责不锈钢工件酸洗水处理监测控制；

6）运输处负责电瓶充电房废水处理监测控制；

7）环保处负责污水处理站运行监测控制；

8）各部门负责本区域与环境因素有关的运行监测控制。

【审核要点】

（1）是否按程序规定，实施了各类监测；

（2）查阅各类监测监控记录，判断监测监控是否按预定时间和频次进行，记录是否完备；

（3）监测测量的结果如何，是否出现不符合；

（4）废水、废气、噪声等项目的自行监测是否严格按有关操作规程进行；

（5）查阅有关记录、台帐或校准标识，判定监测设备的校准维护是否符合规定；

（6）外部项目监测是否由环保主管部门或其指定的具备资格单位进行。

4.5.2 合规性评价

【标准条款】

4.5.2.1 为了履行对遵守法律法规要求的承诺，组织应建立、实施并保持一个或多个程序，以定期评价对适用环境法律法规的遵守情况。

组织应保存对上述定期评价结果的记录。

4.5.2.2 组织应评价对其他要求的遵守情况。这可以把它和（1）中所要求的评价一起进行，也可以另外制定程序，分别进行评价。

组织应保存对上述定期评价结果的记录。

【理解要点】

（1）组织应当能证实其已对遵守法律法规要求（包括有关许可和执照的要求）的情况进行了评价。

（2）组织应当能证实其已对遵守其他要求的情况进行了评价。

（3）组织应保存定期评价结果的记录，为其遵守这些要求提供证据，也为后续采取相应的纠正预防措施提供依据。

【审核要点】

（1）查阅合规性评价记录，确认组织是否实施了合规性评价；

1）组织适用的法律法规及要求条款已被识别出来；

2）已对法规符合情况做出了判断和评价；

3）针对合规性评价的结果，特别是违反法律法规的情况已制定了相应的措施实施整改，整改措施有效。

（2）如果没有环评批复意见或未明确指出时，需和当地环保部门沟通，了解该组织在有关污染排放方面适用的排放标准是什么（如适用标准、级别、监测项目等），确认：

1）组织每年是否由环境监测部门对污染排放情况进行了监测（包括废水、废气、噪声）；

2）是否有监测报告；

3）其监测报告上是否有 CMA 计量认证标志；

4）监测报告上显示的监测项目至少覆盖了当地环保部门执法监测的项目，并且与其重环境因素相对应；

5）监测报告中的监测项目应达标：污水排放应满足标准要求，废气排放应满足标准要求，噪声排放应满足标准要求。

（3）确认下列方面的守法状况应达到：

1）危险废弃物管理：应按照《国家危险废物名录》有效识别了组织的各种危险废弃物，危废处理应执行了“转移五联单”，调阅该联单；

2）如果组织对危险废物进行了外委处理，查阅组织选择的处理危险废弃物合同方的资格，应有该合同方处理资质的复印件，并与之签署了危废处理合同；

3）该资质中列出的危险废物种类应与组织识别出来的种类相符；

4）化学品管理应满足《危险化学品安全管理条例》《常用化学品储存通用规则》等法规的要求。

5）储存化学危险品的仓库必须配备有专业知识的技术人员，其库房及场所应设专人管理；化学危险品应具备标志、标签和安全技术说明书（MSDS）；库房具有通风、防爆照明、防晒、调温消防设施和器材、防泄漏的设施和器材；性质相抵触或易发生反应的化学品隔离、隔开、分离存放。

4.5.3　不符合，纠正措施和预防措施

【标准条款】

> 组织应建立、实施并保持一个或多个程序，用来处理实际或潜在的不符合，采取纠正措施和预防措施。程序中应规定以下方面的要求：
>
> a）识别和纠正不符合，并采取措施减少所造成的环境影响；
>
> b）对不符合进行调查，确定其产生的原因，并采取措施避免再次发生；
>
> c）评价采取预防措施的需求，实施所制定的适当措施，以避免不符合的发生；
>
> d）记录采取纠正措施和预防措施的结果；
>
> e）评审纠正措施和预防措施的有效性。
>
> 所采取的措施应与问题和环境影响的严重性相符。
>
> 组织应确保对环境管理体系文件进行必要的更改。

【相关术语】

（1）不符合（non-conformity）。未满足要求。

注：此术语在 GB/T19000—2000 中为“不合格（不符合）”。

（2）纠正措施（corrective action）。为消除已发现的不符合的原因所采取的措施。

（3）预防措施（preventive action）。为消除潜在不符合原因所采取的措施。

【理解要点】

（1）不符合应当包括如下类别：

1）监测提出的不符合；

2）日常巡查提出的不符合；

3）事故；

4）相关方的投诉；

5）目标指标评价提出的不符合；

6）与法律法规的不符合；

7）审核提出的不符合；

8）管理评审提出的不符合。

（2）针对以上不符合，标准要求：

1）应建立并保持书面化的程序；

2）对不符合进行处理与调查；

3）采取措施减少由于不符合产生的环境影响；

4）采取纠正与预防措施并予以完成。

（3）纠正和预防措施分别针对于现实和潜在的不符合，他们应当包括如下内容：

1）明确责任部门或责任人；

2）明确完成期限；

3）调查原因；

4）纠正或预防措施的提出和实施；

5）效果评价和验证；

6）没有达成效果的重新调查原因，开始新一轮的纠正。

【审核要点】

（1）审核组织识别、纠正和对不符合采取措施后，是否减少了所造成的环境影响；

（2）审核组织是否对不符合进行调查，确定其产生原因，采取措施后是否避免不符合的再度发生；

（3）审核组织是否对潜在的不符合分析了原因，采取了预防措施；

（4）有效的纠正和预防措施是否引起环境管理体系文件的更改。

4.5.4 记录控制

【标准条款】

组织应根据需要，建立并保持必要的记录，用来证实对环境管理体系和本标准的要求符合以及所实现的结果。

组织应建立、实施并保持一个或多个程序，用于记录的标识、存放、保护、检索、留存和处置。

环境记录应字迹清楚，标识明确，并提供可追溯性。

【相关术语】

记录（record）。阐明已取得的结果或提供已从事活动的证据的文件。

注：摘编自 GB/T19000—2000 中 3.7.6。

【理解要点】

（1）应建立并保持程序，用以标识、保存与处置环境记录。

(2) 应规定各种需要保存记录的名称、数量、保存地点和保存期限,并对记录的销毁进行控制。

(3) 记录应当字迹清楚、标识明确,并可追溯至相关的活动、产品或服务。

(4) 保存和管理的记录应便于查阅,防止损坏、变质或遗失。

(5) 储存于电子媒体的记录,如果没有相同书面记录保存的话,也必须予以控制。

【举例】

环境记录可包括:

1) 抱怨记录;
2) 培训记录;
3) 过程监测记录;
4) 检查、维护和校准记录;
5) 有关的供方与合同方记录;
6) 偶发事件报告;
7) 应急准备试验记录;
8) 审核结果;
9) 管理评审结果;
10) 和外部进行信息交流的决定;
11) 适用的环境法律法规要求记录;
12) 重要环境因素记录;
13) 环境会议记录;
14) 环境绩效信息;
15) 对法律法规符合性的记录;
16) 和相关方的交流。

【审核要点】

(1) 抽查组织保存的环境管理体系记录是否完整、清楚、真实、标识明确;

(2) 审核记录的存放和保护是否符合程序的规定;

(3) 审核记录是否具有可追溯性。

4.5.5　内部审核

【标准条款】

组织应确保按照计划的时间间隔对环境管理体系进行内部审核。目的是:

a) 判定环境管理体系

1) 是否符合组织对环境管理的预定安排和本标准的要求;

2) 是否得到了恰当的实施和保持。

b) 向管理者报告审核结果。

组织应策划、制定、实施和保持一个或多个审核方案。此时,应考虑到相关运行环境的重要性和以往的审核结果。

> 应建立、实施和保持一个或多个审核程序，用来规定：
> 1）策划和实施审核以及报告审核结果、保存相关记录的职责和要求；
> 2）审核准则、范围、频次和方法。
> 对审核员的选择和对审核的实施均应确保审核过程的客观性和公正性。

【相关术语】

(1) 审核方案。针对特定的时间段所策划，并具有特定目的的一组(一次或多次)审核。

(2) 审核计划。对一次审核活动和安排的描述。

【理解要点】

(1) 内部审核是组织用以评价环境管理体系的符合性和有效性的方法之一，其目的是判断环境管理体系：

1）是否符合环境管理工作的计划安排和 ISO14001 的要求；

2）是否得到了正确的实施和保持；

3）向管理者报告审核结果。

(2) 标准要求，组织应制定方案和程序。

(3) 审核方案(包括时间表)应立足于所涉及活动的重要性和以前审核的结果。

(4) 审核程序应包括审核的范围、频率和方法，以及实施审核和报告结果的职责与要求。

【审核要点】

(1) 审核内部审核实施结果的相关记录，检查内部审核的可信程度及有效性；

(2) 检查内审核员的选择和审核的实施是否能够保持审核过程的客观性和公正性。

4.6 管理评审

【标准条款】

> 最高管理者应按规定的时间间隔，对组织的环境管理体系进行评审，以确保它的持续适宜性、充分性和有效性。评审应包括评价改进的机会和对环境管理体系进行修改的需求，包括环境方针、环境目标和指标的修改需求。应保存管理评审记录。
> 管理评审的输入至少应包括：
> a)内部审核和合规性评价的结果；
> b)来自外部相关方的交流信息，包括抱怨；
> c)组织的环境绩效；
> d)目标和指标的实现程度；
> e)纠正和预防措施的状况；
> f)以前管理评审的后续措施；
> g)客观环境的变化，包括与组织环境因素有关的法律法规和其他要求的发展变化；
> h)改进建议。
> 管理评审的输出应包括为实现持续改进的承诺做出的，与环境方针、目标以及其他环境管理体系要素的修改有关的决策和行动。

【相关术语】

(1) 适宜性主要指环境管理体系对客观情况(如法律法规和其他要求、市场、相关方及组织对自身的要求等)的适应性。

(2) 充分性主要指环境管理体系是否充分满足标准和相关法律法规和其他要求。

(3) 有效性主要指对环境管理体系实现环境方针、目标,控制环境因素并取得环境绩效方面的能力和结果。

【理解要点】

(1) 管理评审是评价环境管理体系持续的适宜性、充分性和有效性的方法之一,但它不同于内部审核,它是由组织的最高管理者主持实施的活动。

(2) 管理评审应按计划的时间间隔进行,目前多数组织的做法是每年至少进行一次,时间间隔不超过12个月。若内、外部因素的变化或出现重大环境事故或不符合等情况,可增加管理评审的频率。

(3) 管理评审前应收集充分的必要信息,作为管理评审的输入。

(4) 作为管理评审的输出主要形式之一是管理评审报告,应有必要的决策和行动,并且提出环境管理体系所需改进的具体措施,包括对环境方针、目标及管理体系其他要素的修改,真正达到确保环境管理体系持续的适宜性、充分性和有效性。

【举例】

管理评审的输入

(1) 内部审核和合规性评价的结果。如内审报告、合规性评价检查的结果,如果接受了外部审核,其外部审核报告也可以作为管理评审的输入信息。

(2) 来自外部相关方的交流信息。包括抱怨,如接受和处理外部相关方交流信息的相关文件和记录;包括对外部相关方的投诉和抱怨的处理和沟通的信息。

(3) 组织的环境绩效。如组织对废水、废渣、废气、噪声等环境因素的控制效果,组织在节能降耗方面取得的成果等。

(4) 目标和指标的实现程度。如组织制定的各项环境目标、指标实现或完成情况的信息。

(5) 纠正和预防措施的状况。如组织对环境管理体系运行过程中监测和测量、合规性评价、内审、外审和管理评审时发现的实际或潜在的不符合,采取的纠正和预防措施的实施状况,及跟踪验证其有效性情况的信息。

(6) 以前管理评审的后续措施。如组织上次管理评审报告中指出的改进要求和决策的贯彻落实、及跟踪验证其有效性情况的信息。

(7) 客观环境的变化。包括与组织环境因素有关的法律法规和其他要求的发展变化,如组织外部的环境需求,法律法规和其他要求的发展变化,组织的活动、产品和服务的变化,环境因素及其环境影响的变化,相关方要求的变化等方面的信息。

(8) 改进建议。如组织针对各有关部门的环境管理工作、员工的能力、资源等方面提出的改进建议,包括相关方提出的改进意见等方面的信息。

【审核要点】

(1) 组织的最高管理者是否按计划的时间间隔,进行了环境管理体系的评审。

（2）管理评审输入的信息是否充分适宜。

（3）管理评审的输出是否有对环境方针、目标和指标和其他方面进行修改的要求，审核这些要求实施的结果及其有效性的情况。

第三章　锅炉运行中的环境因素分析

1　环境因素的识别

锅炉是一种生产热水和蒸汽的换热设备，主要由锅炉本体（锅）、燃烧设备（炉）、送风机、引风机、给水设备、除尘设备等组成。它是火力发电厂的三大主机之一，也是工业生产热能动力供应的主要设备，在人民生活中也是不可缺少的设备，因此，它被广泛地应用于各种组织。

锅炉运行时，给水泵将经水处理设备处理后的水送入锅炉本体内，燃烧设备及送风机将燃料（煤炭、燃料油或气等）和燃烧所需的空气送入炉膛，并使燃料在炉膛内燃烧产生高温烟气，锅内的水将高温烟气的化学能吸收后转化成高压、高温热水或蒸汽，释放能量后的烟气经除尘器后（燃煤锅炉），由引风机和烟囱送入大气。燃煤锅炉的煤燃烧后，还会产生煤渣。由此可见，锅炉运行时，不仅消耗资源和能源，还会产生烟气、煤渣等污染物，对环境产生有害的影响。那么，锅炉运行时具体会产生哪些环境因素？对环境又会产生什么样的负面影响？下面让我们根据 ISO14001 环境标准中识别环境因素的三、三、八原则（3 种时态、3 种状态、8 个方面）对锅炉运行时产生的环境因素进行全面识别，为进一步评价重要环境因素打好基础。

环境因素清单如表 3.1 所示。

2　重要环境因素的评价及控制

从表 3.1 中可以看出，锅炉运行时，产生的环境因素主要有 14 项，其中有水、电、燃料（煤炭、油或气）等的消耗，有水、气、声、渣等常见污染物的排放，也有紧急状态下可能产生的锅炉爆炸的危险。那么，有哪些环境因素具有或能够对环境产生重大负面影响？如何去控制它？又有哪些适用的法规标准？下面让我们根据 ISO14001 环境标准中重要环境因素的评价原则，分别评价出适用于锅炉制造厂家的重要环境因素，如表 3.2 所示，和适用于锅炉使用单位的重要环境因素，如表 3.3 所示。

从表 3.2、表 3.3 可以看出，不同的组织，评价重要环境因素的出发点不同，采用的控制措施也不一样。锅炉制造厂家控制的是锅炉产品的设计、制造工艺及辅机（如除尘器、消音器）的配置，通过对评价出的重要环境因素按国家相关法规、标准要求对其设计、配置、工艺过程的控制，以便给用户提供一个高效节能、环保性能好、安全可靠、各项环保指标均满足或优于标准要求的环保绿色产品；而锅炉使用单位控制的是锅炉的运行过程，通过由培训合格的司炉人员持证上岗，严格按照锅炉运行规程操作，对评价出的重要环境因素按照国家相关环境法规、标准的要求进行检测、调节、控制，锅炉污染物才可能达标排放，锅炉才会安全可靠地运行。

表 3.1 环境因素清单

活动	序号	环境因素	主要污染物	环境影响	时态			状态			控制状态	备注
					过去	现在	将来	正常	异常	紧急		
锅炉运行	1	燃料的消耗		能源减少		√		√			运行控制程序	
	2	水、电、工业盐的消耗		能源、资源减少		√		√			运行控制程序	
	3	污水的排放	SS,CODcr	水体污染		√		√			进入污水处理站处理	
	4	烟气的排放	SO_2,NO_X,烟尘、烟气黑度	大气污染		√		√			燃重油、煤炉配套脱硫除尘器、燃气炉配套低氮燃烧器	
	5	噪声的排放	噪声	社区污染		√		√			运行控制程序	
	6	炉渣的排放	炉渣	土壤污染		√		√			运行控制程序煤炉	
	7	工业盐包装袋废弃	包装袋	土壤污染		√		√			回收后交废品收购站	
	8	锅炉爆炸	带压蒸汽、热水、金属碎片等	大气污染生命健康			√			√	运行控制程序	
鼓风、引风机运行	9	油的渗漏	油	土壤污染		√		√			运行控制程序	
	10	噪声排放	噪声	社区污染		√		√			配套消音器	
水泵运行	11	噪声的排放	噪声	社区污染		√		√			安装防震垫、隔音墙	
水质、蒸汽品质的化验	12	化验废液的排放	废液	水体污染		√		√			收集、进入污水处理站处理	
	13	化学试剂的报废	化学试剂	水体污染		√		√			收集、进入污水处理站处理	
	14	化学品的消耗		原料的减少		√		√			运行控制程序	

表 3.2　重要环境因素清单(适用于锅炉制造厂)

产品	序号	环境因素	主要污染物	环境影响	时态			状态			控制状态	执行标准
					过去	现在	将来	正常	异常	紧急		
锅炉	1	燃料的消耗		能源减少		√		√			按照标准规定要求效率设计、热工测试合格	JB/T10094—2002《工业锅炉通用技术条件》中表1～4规定了各种燃料的锅炉最低热效率限值
	2	烟气的排放	SO_2，NO_X，烟尘、烟气黑度	大气污染		√		√			燃重油、煤炉配套脱硫除尘器、燃气炉配套低氮燃烧器	GB13271 － 2001《锅炉大气污染物排放标准》中表1～4规定了不同地区、不同时段、各种燃料的锅炉尾部烟气中的SO_2,NO_X,烟尘含量的最高允许排放浓度及烟气黑度的规定极限值
	3	风机、水泵、锅炉房噪声的排放	噪声	社区污染		√		√			风机配套消音器、水泵安装防震垫	GB50041—92《锅炉房设计规范》规定:锅炉房操作层和水处理间的噪声不应大于85 dB(A)，锅炉房仪表控制室和化验室的噪声不应大于70 dB(A)
	4	锅炉爆炸	带压蒸汽、热水、金属碎片等	大气污染、生命健康			√			√	按照标准规定要求进行强度计算	GB/T16508—1996《锅壳锅炉受压元件强度计算》GB9222—88《水管锅炉受压元件强度计算》

表 3.3 重要环境因素清单（适用于锅炉使用单位）

产品	序号	环境因素	主要污染物	环境影响	时态			状态			控制状态	执行标准
					过去	现在	将来	正常	异常	紧急		
锅炉运行	1	烟气的排放	SO_2，NO_X，烟尘、烟气黑度	大气污染		√		√			锅炉辅机配套齐全，燃煤锅炉选用低硫煤	GB13271—2001《锅炉大气污染物排放标准》中表1～4规定了不同地区、不同时段、各种燃料的锅炉尾部烟气中的SO_2，NO_X，烟尘含量的最高允许排放浓度及烟气黑度的规定极限值
	2	风机、水泵、锅炉房噪声的排放	噪声	噪声污染		√		√			风机配套消音器、水泵安装防震垫、辅机房设置隔音墙	GB50041—92《锅炉房设计规范》规定：锅炉房操作层和水处理间的噪声不应大于85 dB(A)，锅炉房仪表控制室和化验室的噪声不应大于70 dB(A)
	3	锅炉爆炸	带压蒸汽、热水、金属碎片等	大气污染、生命健康			√			√	持证司炉工上岗，按照锅炉操作规程运行	JB/T10354—2002《工业锅炉运行规程》、SD250—88《全国地方小型火力发电厂锅炉运行规程》

第四章 常见行业重要环境因素

本节共列出 8 个常见行业的重要环境因素。

(1) ××机械制造公司重要环境因素清单如表 4.1 所示。

表 4.1 ××机械制造公司重要环境因素清单

序号	产生过程	环境因素
1	机加作业	油棉纱、油手套、油锯末、油刷子等含油废弃物的废弃
		皂化液的废弃
2	运输作业	旧电器部件的废弃
3	维修电工作业	坏电器部件的废弃
		废日光灯管,废灯泡,废电池的废弃
4	维修钳工作业	废机油的废弃
5	酸洗作业	酸洗废水、废酸的废弃
6	生产过程	油棉纱、油手套、油锯末、油刷子、废砂轮的废弃
		废机油的废弃
7	办公	色带(墨盒、硒鼓)的废弃
		废日光灯管、废电池的废弃
8	熨平板试机	噪声排放
9	油漆作业	苯、二甲苯、甲苯的排放
		油漆滴漏
		无纺布、活性炭的废弃
		油漆、含油漆的纸、胶带纸、腻子的废弃
10	喷砂作业	粉尘的排放
		噪声的排放
11	铸造作业	落砂粉尘的排放
		浇铸气体的排放
		落砂清理噪声的排放

(2) ××建筑公司重要环境因素清单，如表 4.2 所示。

表 4.2 ××建筑公司重要环境因素清单

序号	活动、产品或服务	环境因素
1	临建工程/场地硬化	夯实机械排放的噪声
2	桩基工程/打桩	机械排放的噪声
3	基础工程/回填土	电夯产生的噪声
4	主体工程/混凝土结构浇筑振捣	机械振捣产生的噪声
5	装饰、装修工程/电锯锯材料	电锯排放的噪声
6	施工现场	拆除时产生的扬尘
7	基础开挖	开挖时产生的扬尘
8	施工现场	空油漆桶的废弃
9	办公打字	打印机油墨盒的废弃

(3) ××电子有限公司重要环境因素清单，如表 4.3 所示。

表 4.3 ××电子有限公司重要环境因素清单

序号	活动、产品或服务	环境因素
1	化学品的存储及使用	天然气(易燃)潜在的火灾
		稀释剂(易燃)潜在的火灾
	化学品的存储	导电漆(易燃)潜在的火灾
2	生产活动	线路板边角料的废弃
3	办公、生产活动	电能的使用
4	生产活动	危险化学品包装物的废弃
5	设备维护、保养	废机油、油桶、机油滤清器、油抹布的废弃
6	生产活动	产品包装物的废弃

(4) ××机电制造公司重要环境因素，如表 4.4 所示。

表 4.4 ××机电制造公司重要环境因素清单

序号	活动、产品或服务	环境因素
1	汽油机试验废气排放	废气中含有 THC，NO_X，CO，CO_2 及悬浮颗粒物(TSP)，排入大气，对空气质量有影响
2	包装塑料废弃物	随垃圾排放会影响土壤和水质量
3	空气压缩机噪声排放	室外 1m 噪声达 126dB，内部员工有抱怨
4	乳化液污染地面和地表水	乳化液属碱性物，随意排放会污染地面和地表水
5	测功机冷却水排放	水资源浪费

(5) ××化学制品公司重要环境因素清单，如表4.5所示。

表4.5　××化学制品公司重要环境因素清单

序号	活动、产品或服务	环境因素	实际的和潜在的影响
1	油库	油库爆炸	大气、土壤污染
2	锅炉	烟尘排放	大气污染
3	锅炉	冲洗炉渣污水排下水道	水体污染
4	分条机	噪声排放	噪声污染
5	油回收	分离罐废水排放	水体污染
6	生产工段	电能消耗	能源浪费
7	生产工段	防粘工段火灾	大气污染
8	生产工段	边角料的废弃	资源浪费
9	制胶工段	邻苯的泄漏、抛洒	土壤、大气污染

(6) ××药业公司重要环境因素清单，如表4.6所示。

表4.6　××药业公司重要环境因素清单

序号	活动/产品/服务	环境因素	环境影响
1	生产活动	水的消耗	资源消耗
	办公活动		资源消耗
2	生产活动	电的消耗	能源消耗
	办公活动		能源消耗
3	前处理车间、丸剂车间、综合制剂车间生产过程	污水的排放	污染水体
	生产活动		污染水体
	办公活动		
4	药材净选、粉碎工序	粉尘的排放	污染大气
	排风机的运行		污染大气
5	锅炉运行	烟尘的排放	污染大气
6	检验分析	化学废液的排放	污染水体
7	生产过程报废品处理	废药品的处置	污染土壤
	过期退回药品处理		污染土壤
8	污水处理设备失灵	污水排放超标	污染水体
9	除尘设备失灵	粉尘排放剧增	污染大气
10	除尘设备失灵	烟尘排放超标	污染大气

续 表

序号	活动/产品/服务	环境因素	环境影响
11	醇提、水提浓缩工序	火灾、爆炸的发生	污染大气
	撞光工序		污染大气
	制粒工序		污染大气
	化验活动		污染大气
	锅炉运行		污染大气
	危险品库		污染大气

(7) ××通信公司重要环境因素清单,如表 4.7 所示。

表 4.7 ××通信公司重要环境因素清单

序号	作业活动	环境因素
1	办公活动	办公用水消耗
2		办公用纸消耗
3		办公用电力消耗
4		火灾的发生
5		生活废水的排放
6		审批资料文件纸张消耗
7	网络服务	基站天线电磁辐射
8	施工活动	车辆燃油消耗
9		施工现场生活、生产污水的排放
10		施工现场用电消耗
11		施工现场噪声的排放
12		施工现场扬尘
13		施工现场生活、建筑垃圾的排放
14		施工现场临时电缆等电力设施布置
15		施工现场危险品摆放

(8) ××旅游风景区重大环境因素清单,如表 4.8 所示。

表 4.8　××旅游风景区重要环境因素清单

序号	活动、产品或服务	环境因素
1	影区内外旅店、餐馆、厕所、娱乐景点	提供旅游服务产生的污水、废水
2	快艇油库、影区现场内全部区域	火灾
3	客运、货运汽车营运公路沿途和停车场	汽车尾气
4	影区内全部区域	固体废弃物
5	影区内有些娱乐景点	噪声

附 录

附录1 环境管理体系 要求及使用指南(ISO14001:2004)

1 范围

本标准规定了对环境管理体系的要求,使一个组织能够根据法律法规和它应遵守的其他要求,以及关于重要环境因素的信息,制定和实施环境方针与目标。它适用于组织所确定的能够控制或能够施加影响的那些环境因素。但标准本身并未提出具体的环境绩效准则。

本标准适用于任何有下列愿望的组织:

a) 建立、实施、保持并改进环境管理体系;

b) 使自己确信能符合所声明的环境方针;

c) 通过下列方式证实对本标准的符合:

1) 进行自我评价和自我声明;

2) 寻求组织的相关方(如顾客)对其符合性予以确认;

3) 寻求外部对其自我声明予以确认;

4) 寻求外部组织对其环境管理体系进行认证(或注册)。

本标准规定的所有要求都能纳入任何一个环境管理体系。其应用程度取决于诸如组织的环境方针、它的活动、产品和服务的性质以及运行场所及条件等因素。本标准还在附录A中对如何使用本标准提供了资料性的指南。

2 规范性引用文件

无引用标准。保留本章是为使本版中的章节号和上一版(GB/T24001—1996)保持一致。

3 术语和定义

下列术语和定义适用于本标准:

3.1 审核员 auditor

有能力实施审核的人员。

[GB/T19000—2000,3.9.9]

3.2 持续改进 continual improvement

不断对环境管理体系(3.8)进行强化的过程,目的是根据组织(3.16)的环境方针(3.11),实现对整体环境绩效(3.10)的改进。

注:该过程不必同时发生于活动的所有方面。

3.3　纠正措施 corrective action

为消除已发现的不符合 (3.15) 的原因所采取的措施。

3.4　文件 document

信息及其承载媒介。

注 1:媒介可以是纸张,计算机磁盘、光盘或其他电子媒介,照片或标准样品,或它们的组合。

注 2:摘编自 GB/T19000—2000 中 3.7.2。

3.5　环境 environment

组织 (3.16) 运行活动的外部存在,包括空气、水、土地、自然资源、植物、动物、人以及它们之间的相互关系。

注:从这一意义上,外部存在从组织内延伸到全球系统。

3.6　环境因素 environmental aspect

一个组织(3.16) 的活动、产品或服务中能与环境 (3.5) 发生相互作用的要素。

注:重要环境因素是指具有或能够产生重大环境影响的环境因素。

3.7　环境影响 environmental impact

全部或部分地由组织 (3.16) 的环境因素(3.6)给环境 (3.5) 造成的任何有害或有益的变化。

3.8　环境管理体系 environmental management system (EMS)

组织 (3.16) 管理体系的一部分,用来制定和实施其环境方针 (3.11)并管理其环境因素(3.6)。

注 1:管理体系是用来建立方针和目标,并进而实现这些目标的一系列相互关联的要素的集合。

注 2:管理体系包括组织结构、策划活动、职责、惯例、程序(3.19)、过程和资源。

3.9　环境目标 environmental objective

与组织 (3.16) 所要实现的环境方针 (3.11)相一致的总体环境目的。

3.10　环境绩效 environmental performance

组织 (3.16) 对其环境因素 (3.6) 进行管理所取得的可测量结果。

注:在环境管理体系(3.8)条件下,可对照组织(3.16)的环境方针(3.11)、环境目标(3.9)、环境指标 (3.12) 及其他环境绩效要求对结果进行测量。

3.11　环境方针 environmental policy

由最高管理者就组织 (3.16)的环境绩效(3.10) 所正式表述的总体意图和方向。

注:环境方针为采取措施,以及建立环境目标 (3.9) 和环境指标 (3.12)提供了一个框架。

3.12　环境指标 environmental target

直接由环境目标 (3.9)产生,或为实现环境目标所须规定并满足的具体的绩效要求,它们可适用于整个组织 (3.16) 或其局部。

3.13　相关方 interested party

关注组织(3.16)的环境绩效(3.10) 或受其环境绩效影响的个人或团体。

3.14 内部审核 internal audit

客观地获取审核证据并予以评价，以判定组织（3.16）对其设定的环境管理体系审核准则满足程度的系统的、独立的、形成文件的过程。

注：在许多情况下，尤其是对于小型组织，独立性可通过与所审核活动无责任关系来体现。

3.15 不符合 non-conformity

未满足要求。

[GB/T19000—2000,3.6.2]

注：此术语在 GB/T19000—2000 中为“不合格（不符合）”。

3.16 组织 organization

具有自身职能和行政管理的公司、集团公司、商行、企事业单位、政府机构或社团，或是上述单位的部分或结合体，无论其是否有法人资格，公营或私营。

注：对于拥有一个以上运行单位的组织，可以把一个运行单位视为一个组织。

3.17 预防措施 preventive action

为消除潜在不符合（3.15）原因所采取的措施。

3.18 污染预防 prevention of pollution

为了降低有害的环境影响（3.7）而采用（或综合采用）过程、惯例、技术、材料、产品、服务或能源以避免、减少或控制任何类型的污染物或废物的产生、排放或废弃。

注：污染预防可包括对源的削减或消除，过程、产品或服务的更改，资源的有效利用，材料或能源替代，再利用、回收、再循环、再生和处理。

3.19 程序 procedure

为进行某项活动或过程所规定的途径。

注 1：程序可以形成文件，也可以不形成文件。

注 2：根据 GB/T19000—2000 中 3.4.5 条改写。

3.20 记录 record

阐明已取得的结果或提供已从事活动的证据的文件（3.4）。

注：摘编自 GB/T19000—2000 中 3.7.6。

4 环境管理体系要求

4.1 总要求

组织应根据本标准的要求建立、实施、保持和持续改进环境管理体系，确定如何实现这些要求，并形成文件。

组织应界定环境管理体系范围，并形成文件。

4.2 环境方针

最高管理者应规定本组织的环境方针，并在界定的环境管理体系，确保其：

a) 适合于组织活动、产品和服务的性质、规模和环境影响；

b) 包括对持续改进和污染预防的承诺；

c) 包括对遵守与其环境因素有关的适用法律法规和其他要求的承诺；

d）提供建立和评审环境目标和指标的框架；

e）形成文件，付诸实施，并予以保持；

f）传达到所有为组织或代表组织工作的人员；

g）可为公众所获取。

4.3　策划

4.3.1　环境因素

组织应建立、实施并保持一个或多个程序，用来

a）识别其环境管理体系覆盖范围内的活动、产品和服务中它能够控制或能够施加影响的环境因素，此时应考虑到已纳入计划的或新的开发、新的或修改的活动、产品和服务等因素；

b）确定对环境具有、或可能具有重大影响的因素（即重要环境因素）。

组织应将这些信息形成文件并及时更新。

组织应确保在建立、实施和保持环境管理体系时，对重要环境因素加以考虑。

4.3.2　法律法规和其他要求

组织应建立、实施并保持一个或多个程序，用来

a）识别适用于其活动、产品和服务中环境因素的法律法规和其他应遵守的要求，并建立获取这些要求的渠道；

b）确定这些要求如何应用于组织的环境因素。

组织应确保在建立、实施和保持环境管理体系时，对这些适用的法律法规和其他要求加以考虑。

4.3.3　目标、指标和方案

组织应针对其内部有关职能和层次，建立、实施并保持形成文件的环境目标和指标。

如可行，目标和指标应可测量。目标和指标应符合环境方针，包括对污染预防、持续改进和遵守适用的法律法规和其他要求的承诺。

组织在建立和评审目标和指标时，应考虑法律法规和其他要求，以及自身的重要环境因素。此外，还应考虑可选的技术方案，财务、运行和经营要求，以及相关方的观点。

组织应制定、实施并保持一个或多个用于实现其目标和指标的方案，其中应包括：

a）规定组织内各有关职能和层次实现目标和指标的职责；

b）实现目标和指标的方法和时间表。

4.4　实施与运行

4.4.1　资源、作用、职责和权限

管理者应确保为环境管理体系的建立、实施、保持和改进提供必要的资源。资源包括人力资源和专项技能、组织的基础设施，以及技术和财力资源。

为便于环境管理工作的有效开展，应对作用、职责和权限做出明确规定，形成文件，并予以传达。

组织的最高管理者应任命专门的管理者代表，无论他（们）是否还负有其他方面的责任，应明确规定其作用、职责和权限，以便

a）确保按照本标准的要求建立、实施和保持环境管理体系；

b）向最高管理者报告环境管理体系的运行情况以供评审，并提出改进建议。

4.4.2 能力、培训和意识

组织应确保所有为它或代表它从事被确定为可能具有重大环境影响的工作的人员，都具备相应的能力。该能力基于必要的教育、培训或经历。组织应保存相关的记录。

组织应确定与其环境因素和环境管理体系有关的培训需求并提供培训，或采取其他措施来满足这些需求。应保存相关的记录。

组织应建立、实施并保持一个或多个程序，使为它或代表它工作的人员都意识到：

a）符合环境方针与程序和符合环境管理体系要求的重要性；

b）他们工作中的重要环境因素和实际的或潜在的环境影响，以及个人工作的改进所能带来的环境效益；

c）他们在实现环境管理体系要求符合性方面的作用与职责；

d）偏离规定的运行程序的潜在后果。

4.4.3 信息交流

组织应建立、实施并保持一个或多个程序，用于有关其环境因素和环境管理体系的：

a）组织内部各层次和职能间的信息交流；

b)与外部相关方联络的接收、形成文件和回应。

组织应决定是否就其重要环境因素与外界进行信息交流，并将决定形成文件。如决定进行外部交流，则应规定交流的方式并予以实施。

4.4.4 文件

环境管理体系文件应包括：

a）环境方针、目标和指标；

b）对环境管理体系的覆盖范围的描述；

c）对环境管理体系主要要素及其相互作用的描述，以及相关文件的查询途径；

d）本标准要求的文件，包括记录；

e）组织为确保对涉及重要环境因素的过程进行有效策划、运行和控制所需的文件和记录。

4.4.5 文件控制

应对本标准和环境管理体系所要求的文件进行控制。记录是一种特殊类型的文件，应按照4.5.4的要求进行控制。

组织应建立、实施并保持一个或多个程序，以规定：

a）在文件发布前进行审批，确保其充分性和适宜性；

b）必要时对文件进行评审和更新，并重新审批；

c）确保对文件的更改和现行修订状态做出标识；

d）确保在使用处能得到适用文件的有关版本；

e）确保文件字迹清楚，易于识别；

f）确保对策划和运行环境管理体系所需的外部文件做出标识，并对其发放予以控制；

g）防止对过期文件的非预期使用，如需将其保留，要做出适当的标识。

4.4.6　运行控制

组织应根据其方针、目标和指标，识别和策划与所确定的重要环境因素相关的运行，以确保它们通过下列方式在规定的条件下进行。

a）建立、实施并保持一个或多个形成文件的程序，以控制因缺乏程序文件而导致偏离环境方针、目标和指标的情况；

b）在程序中规定运行准则；

c）对于组织使用的产品和服务中所确定的重要环境因素，应建立、实施并保持程序，并将适用的程序和要求通报供方及合同方。

4.4.7　应急准备和响应

组织应建立、实施并保持一个或多个程序，用于识别可能对环境造成影响的潜在的紧急情况和事故，并规定响应措施。

组织应对实际发生的紧急情况和事故作出响应，并预防或减少随之产生的有害的环境影响。

组织应定期评审其应急准备和响应程序，必要时对其进行修订，特别是当事故或紧急情况发生后。

可行时，组织还应定期试验上述程序。

4.5　检查

4.5.1　监测和测量

组织应建立、实施并保持一个或多个程序，对可能具有重大环境影响的运行的关键特性进行例行监测和测量。程序中应规定将监测环境绩效、适用的运行控制、目标和指标符合情况的信息形成文件。

组织应确保所使用的监测和测量设备经过校准或验证，并予以妥善维护，且应保存相关的记录。

4.5.2　合规性评价

4.5.2.1　为了履行遵守法律法规的承诺，组织应建立、实施并保持一个或多个程序，以定期评价对适用环境法律法规的遵守情况。

组织应保存对上述定期评价结果的记录。

4.5.2.2　组织应评价对其他要求的遵守情况。这可以和 4.5.2.1 中所要求的评价一起进行，也可以另外制定程序，分别进行评价。

组织应保存对上述定期评价结果的记录。

4.5.3　不符合，纠正措施和预防措施

组织应建立、实施并保持一个或多个程序，用来处理实际或潜在的不符合，采取纠正措施和预防措施。程序中应规定以下方面的要求：

a）识别和纠正不符合，并采取措施减少所造成的环境影响；

b）对不符合进行调查，确定其产生原因，并采取措施避免再度发生；

c）评价采取预防措施的需求；实施所制定的适当措施，以避免不符合的发生；

d）记录采取纠正措施和预防措施的结果；

e）评审所采取的纠正措施和预防措施的有效性。

所采取的措施应与问题和环境影响的严重程度相符。

组织应确保对环境管理体系文件进行必要的更改。

4.5.4 记录控制

组织应根据需要，建立并保持必要的记录，用来证实对环境管理体系及本标准要求的符合，以及所实现的结果。

组织应建立、实施并保持一个或多个程序，用于记录的标识、存放、保护、检索、留存和处置。

环境记录应字迹清楚，标识明确，并具有可追溯性。

4.5.5 内部审核

组织应确保按照计划的时间间隔对环境管理体系进行内部审核。目的是：

a）判定环境管理体系

1）是否符合组织对环境管理工作的预定安排和本标准的要求；

2）是否得到了恰当的实施和保持。

b）向管理者报告审核结果。

组织应策划、制定、实施和保持一个或多个审核方案，此时，应考虑到相关运行的环境重要性和以往的审核结果。

应建立、实施和保持一个或多个审核程序，用来规定

——策划和实施审核及报告审核结果、保存相关记录的职责和要求；

——审核准则、范围、频次和方法。

审核员的选择和审核的实施均应确保审核过程的客观性和公正性。

4.6 管理评审

最高管理者应按计划的时间间隔，对组织的环境管理体系进行评审，以确保它的持续适宜性、充分性和有效性。评审应包括评价改进的机会和对环境管理体系进行修改的需求，包括环境方针、环境目标和指标的修改需求。应保存管理评审记录。

管理评审的输入应包括：

a）内部审核和合规性评价的结果；

b）来自外部相关方的交流信息，包括抱怨；

c）组织的环境绩效；

d）目标和指标的实现程度；

e）纠正和预防措施的状况；

f）以前管理评审的后续措施；

g）客观环境的变化，包括与组织环境因素有关的法律法规和其他要求的发展变化；

h）改进建议。

管理评审的输出应包括为实现持续改进的承诺而做出的，与环境方针、目标、指标以及其他环境管理体系要素的修改有关的决策和行动。

附录 A

（资料性附录）

本标准使用指南

A1 总要求

本附录增补的内容完全是资料性的，目的是防止对本标准第 4 章要求的错误解释。这些信息阐述第 4 章的要求，并和这些要求相一致，而无意增加、减少或修改这些要求。

实施本标准所规定的环境管理体系是为了改进环境绩效。所以，本标准基于这样一个前提，即组织将定期评审和评价其环境管理体系，以确定改进的机会并付诸实施。这一持续改进过程的范围、程度和时间表，组织依据其经济状况和其他客观条件来确定。对环境管理体系的改进，是为了实现环境绩效的进一步改进。

本标准要求组织：

a）制定适宜的环境方针；

b）识别其过去、当前或计划中的活动、产品和服务中的环境因素，以确定其中的重大环境影响；

c）识别适用的法律法规和组织应遵守的其他要求；

d）确定优先事项并建立适宜的环境目标和指标；

e）建立组织机构，制定方案，以实施环境方针，实现目标和指标；

f）开展策划、控制、监测、纠正措施和预防措施、审核和评审活动，以确保对环境方针的遵守和环境管理体系的适宜性；

g）有根据客观环境的变化作出调整的能力。

一个尚未建立环境管理体系的组织，首先应当通过评审的方式来确定自己当前的环境状况，以便对它的所有环境因素予以考虑，作为建立环境管理体系的基础。

评审应当包括以下四方面关键内容：

——识别环境因素。包括在正常运行条件下、异常条件下（如启动和关闭）、发生紧急情况或事故时的环境因素；

——确定适用的法律法规和组织应遵守的其他环境要求；

——评审所有现行环境管理惯例和程序（包括与采购和合同活动有关的管理惯例和程序）；

——评价此前发生的紧急情况和事故。

评审时，可根据活动的性质，采用调查表、面谈、直接检查和测量，以及参考过去的审核或其他评审结果等方式。

组织有权自行灵活决定本标准的实施边界，即是在整个组织，还是仅在特定的运行单位实施本标准，由组织自行决定。组织应当规定其环境管理体系的范围并形成文件，以明确界定实施环境管理体系的组织边界。当组织是一个更大组织在给定场所的一部分，对范围的确定尤为必要。边界一经确定，组织在此范围内的所有活动、产品和服务，均须包括在环境管理体系内。在确定环境管理体系的范围时，应当注意它的可信度取决于边界的选取。若组织的某一部分被排除在环境管理体系之外，组织应当能对此作出解释。如本标准仅在特定的运行单位实施，可以采纳组织内其他部门业已建立的方针和程序，用来满足本标准的要求，只要它们适用于这些行将采用本标准的部门。

A2 环境方针

环境方针确定了实施与改进组织环境管理体系的方向，具有保持和改进环境绩效的作用。因此，环境方针应当反映最高管理者对遵守适用的环境法律法规和其他环境要求、进行污染预防和持续改进的承诺。环境方针是组织建立目标和指标的基础。环境方针的内容应当清晰明确，使内、外相关方能够理解。应当对方针进行定期评审与修订，以反映不断变化的条件和信息。方针的应用范围应当是可以明确界定的，并反映环境管理体系覆盖范围内活动、产品和服务的特有性质、规模和环境影响。

应当就环境方针和所有为组织工作，或代表它工作的人员进行沟通，包括和为它工作的合同方进行沟通。对合同方，不必拘泥于传达方针条文，而可采取其他形式，如规则、指令、程序等，或仅传达方针中和它有关的部分。如果该组织是一个更大组织的一部分，组织的最高管理者应当在后者环境方针的框架内规定自己的环境方针，将其形成文件，并得到上级组织的认可。

注：最高管理者可以是个人，也可以是一个集体，他(们)从最高层次上对组织进行领导和控制。

A3 策划

A3.1 环境因素

4.3.1提供了一个过程，供组织对环境因素进行识别，并从中确定环境管理体系应当优先考虑的那些重要环境因素。

组织应通过考虑和它当前及过去的有关活动、产品和服务、纳入计划的或新开发的项目、新的或修改的活动以及产品和服务所伴随的投入和产出(无论是期望还是非期望的)，以识别其环境管理体系范围内的环境因素。这一过程中应考虑到正常和异常(包括关闭与启动)的运行条件，以及可合理预见的紧急情况。

组织不必分别对每一种具体产品、部件和输入的原材料进行分析，而可以按活动、产品和服务的类别识别环境因素。

尽管对环境因素的识别不存在唯一的方式，但通常要考虑以下方面：

a) 向大气的排放；

b) 向水体的排放；

c) 向土地的排放；

d) 原材料和自然资源的使用；

e) 能源使用；

f) 能量释放(如热、辐射、振动等)；

g）废物和副产品；

h）物理属性，如大小、形状、颜色、外观等。

除了对它能够直接控制的环境因素外，组织还应当对它可能施加影响的环境因素加以考虑。例如与它所使用的产品和服务中的环境因素，以及它所提供的产品和服务中的环境因素。以下提供了一些对这种控制和影响进行评价的指导。不过，在任何情况下，对环境因素控制和施加影响的程度都取决于组织自身。

应当考虑的与组织的活动、产品和服务有关的因素如：

——设计和开发；

——制造过程；

——包装和运输；

——合同方和供方的环境绩效和操作方式；

——废物管理；

——原材料和自然资源的获取和分配；

——产品的分销、使用和报废；

——野生生物和生物多样性。

对组织所使用产品的环境因素的控制和影响，因不同的供方和市场情况而有很大差异。例如，一个自行负责产品设计的组织，可以通过改变某种输入原料有效地对环境因素施加影响；而一个根据外部产品规范提供产品的组织在这方面的作用就很有限。

一般说来，组织对它所提供的产品的使用和处置（例如用户如何使用和处置这些产品），控制作用有限。可行时，它可以考虑通过让用户了解正确的使用方法和处置机制来施加影响。

完全地或部分地由环境因素引起的对环境的改变，无论其有益还是有害，都称之为环境影响。环境因素和环境影响之间是因果关系。

在某些地方，文化遗产可能成为组织运行环境中的一个重要因素，因而在理解环境影响时应当加以考虑。

由于一个组织可能有很多环境因素及相关的环境影响，应当建立判别重要环境因素的准则和方法。虽然不存在唯一的判别方法，但所采用的方法应当能提供一致的结果，包括建立和应用评价准则，例如有关环境事务、法律法规问题、以及内、外部相关方的关注等方面的准则。

对于重要环境因素的信息，组织除在设计和实施环境管理体系时应考虑如何使用外，还应当考虑将它们作为历史数据予以留存的必要。

在识别和评价环境因素的过程中，还应当考虑到从事活动的地点、进行这些分析所需的时间和成本，以及可靠数据的获得。对环境因素的识别不要求作详细的生命周期评价。另外，还可以利用出于规章或其他要求所取得的信息。

对环境因素进行识别和评价的要求，不改变或增加组织的法律责任。

A3.2　法律法规和其他要求

组织须要识别适用于其环境因素的法律法规要求，这些要求可包括：

a）国家或国际法律法规要求；

b）省部级的法律法规要求；

c) 地方性法律法规要求。

组织应遵守的其他要求例如：

——和政府机构的协议；

——和顾客的协议；

——非法规性指南；

——自愿性原则或业务规范；

——自愿性环境标志或产品护理承诺；

——行业协会的要求；

——和社区团体或非政府组织的协议；

——组织或其上级组织对公众的承诺；

——本单位的要求。

在识别法律法规和其他要求的过程中，往往已确定了这些要求是如何作用于组织的环境因素的。因此，不一定要求专门为此制定程序。

A3.3 目标、指标和方案

目标和指标应当具体，可行时应当是可测量的。此外，它们还应当兼顾短期和长期的需要。

对技术的选择，应当根据自身的经济条件，考虑选用适宜的、成本效益高的最佳可行技术。

对组织财务要求的考虑，不意味着组织必须运用环境成本核算方法。

成功地实施环境管理体系，有赖于制定和实施一个或多个方案。方案中应当说明如何实现组织的环境目标和指标，包括时间进度、所需的资源和负责实施方案的人员。方案可予以细化，具体到组织运行的基本单元。

在适当和可行时，方案中应当全面考虑计划、设计、生产、营销和处置等各个阶段。无论是当前的还是新增的活动、产品或服务，都可以在这些方面进行考虑。对于产品，可从设计、材料、生产过程、使用和最终处置等方面进行考虑。对于安装或过程的重大修改，可从计划、设计、施工、试运行、运行，以及根据组织决定的适当时间退出使用等方面考虑。

A4 实施与运行

A4.1 资源、作用、职责和权限

环境管理体系的成功实施需要为组织或代表组织工作的所有人员的承诺。因此，不能认为只有环境管理部门才承担环境方面的作用和职责，事实上，组织内的其他部门，如运行管理部门、人事部门等，也不能例外。

这一承诺应当始于最高管理者，他(们)应当建立组织的环境方针，并确保环境管理体系得到实施。作为上述承诺的一部分，是指定专门的管理者代表，规定他(们)对实施环境管理体系的职责和权限。对于大型或复杂的组织，可以有不止一个管理者代表。对于中、小型企业，可由一个人承担这些职责。最高管理者还应当确保提供建立、实施和保持环境管理体系所需的适当资源，包括组织的基础设施，例如建筑物、通信网络、地下储罐、下水管道等。

另一重要事项是妥善规定环境管理体系中的关键作用和职责，并传达到为组织或代表组织工作的所有人员。

A4.2　能力、培训和意识

组织应当确定负有职责和权限代表其执行任务的所有人员所需的意识、知识、理解和技能。

本标准要求：

a）其工作可能产生重大环境影响的人员，能够胜任所承担的工作；

b）确定培训需求，并采取相应措施加以落实；

c）所有人员了解组织的环境方针和环境管理体系，以及与他们工作有关的组织活动、产品和服务中的环境因素。

可通过培训、教育或工作经历，获得或提高所需的意识、知识、理解和技能。

组织应当要求代表它工作的合同方能够证实他们的员工具有必要的能力和(或)接受了适当的培训。

管理者应当确定为保障人员(特别是行使环境管理职能的人员)胜任性所需的经验、能力和培训的程度。

A4.3　信息交流

内部交流对于确保环境管理体系的有效实施至为重要。内部交流可通过例行的工作组会议、通信简报、公告板、内联网等手段或方法进行。

组织应当按照程序，对来自相关方的沟通信息进行接收、形成文件并做出响应。程序可包含与相关方交流的内容，以及对他们所关注问题的考虑。在某些情况下，对相关方关注的响应，可包含组织运行中的环境因素及其环境影响方面的内容。这些程序中，还应当包含就应急计划和其他问题与有关公共机构的联络事宜。

组织在对信息交流进行策划时，一般还要考虑进行交流的对象、交流的主题和内容、可采用的交流方式等方面问题。

在考虑就环境因素进行外部信息交流时，组织应当考虑所有相关方的观点和信息需求。如果组织决定就环境因素进行外部信息交流，它可以制定一个这方面的程序。程序可因所交流的信息类型、交流的对象及组织的个体条件等具体情况的不同而有所差别。进行外部交流的手段可包括年度报告，通信简报、互联网和社区会议等。

A4.4　文件

文件的详尽程度，应当足以描述环境管理体系及其各部分协同运作的情况，并指示获取环境管理体系某一部分运行的更详细信息的途径。可将环境文件纳入组织所实施的其他体系的文件，而不强求采取手册的形式。

对于不同的组织，环境管理体系文件的规模可能由于它们在以下方面的差别而各不相同：

a）组织及其活动、产品或服务的规模和类型；

b）过程及其相互作用的复杂程度；

c）人员的能力。

这些文件可包括：

——环境方针、目标和指标；

——重要环境因素信息；
——程序；
——过程信息；
——组织机构图；
——内、外部标准；
——现场应急计划；
——记录。

对于程序是否形成文件，应当从下列方面考虑：

——不形成文件可能产生的后果，包括环境方面的后果；
——用来证实遵守法律法规和其他要求的需要；
——保证活动一致性的需要；
——形成文件的益处，例如：易于交流和培训，从而加以实施，易于维护和修订，避免含混和偏离，提供证实功能和直观性等。
——出于本标准的要求

不是为环境管理体系所制定的文件，也可用于本体系。此时应当指明其出处。

A4.5 文件控制

4.4.5 旨在确保组织对文件的建立和保持能够充分适应实施环境管理体系的需要。但组织应当把主要注意力放在对环境管理体系的有效实施及其环境绩效上，而不是放在建立一个繁琐的文件控制系统。

A4.6 运行控制

组织应当评价与所确定的重要环境因素有关的运行，并确保在运行中能够控制或减少有害的环境影响，以满足环境方针的要求、实现环境目标和指标。所有的运行，包括维护活动，都应当做到这一点。

在环境管理体系中，本部分规定如何将体系要求贯彻到日常的运行中去。其中 4.4.6 a）更规定对缺乏成文程序可能导致偏离环境方针、目标和指标的情况，要用成文程序加以控制。

A4.7 应急准备和响应

每个组织都有责任制定适合它自身情况的一个或多个应急准备和响应程序。组织在制定这类程序时应当考虑：

a）现场危险品的类型，如存在易燃液体，储罐、压缩气体等，以及发生溅洒或意外泄漏时的应对措施；

b）对紧急情况或事故类型和规模的预测；

c）处理紧急情况或事故的最适当方法；

d）内、外部联络计划；

e）把环境损害降到最低的措施；

f）针对不同类型的紧急情况或事故的补救和响应措施

g）事故后考虑制定和实施纠正和预防措施的需要；

h）定期检验应急响应程序；

i）对实施应急响应程序人员的培训；

j）关键人员和救援机构（如消防、泄漏清理等部门）名单，包括详细联络信息；

k）疏散路线和集合地点；

l）周边设施（如工厂、道路、铁路等）可能发生的紧急情况和事故；

m）邻近单位相互支援的可能性。

A5　检查

A5.1　监测和测量

一个组织的运行可能包括多种特性。例如，在对废水排放进行监测和测量时，值得关注的特性可包括生物需氧量、化学需氧量、温度和酸碱度。

对监测和测量取得的数据进行分析，能够识别类型并获取信息。这些信息可用于实施纠正和预防措施。

关键特性是指组织在决定如何管理重要环境因素、实现环境目标和指标、改进环境绩效时须要考虑的那些特性。

为了保证测量结果的有效性，应当定期，或在使用前，根据测量标准对测量器具进行校准或检验。测量标准要以国家标准或国际标准为依据。如果不存在国家或国际标准，则应当对校验所使用的依据作出记录。

A5.2　合规性评价

组织应当能证实它已对遵守法律法规要求（包括有关许可和执照的要求）的情况进行了评价。

组织应当能证实它已对遵守其他要求的情况进行了评价。

A5.3　不符合、纠正和预防措施

组织在制定程序以执行本节的要求时，根据不符合的性质，有时可能只须制定少量的正式计划，即能达到目的，有时则有赖于更复杂、更长期的活动。文件的制定应当和这些措施的规模相适应。

A5.4　记录控制

环境记录可包括：

a）抱怨记录；

b）培训记录；

c）过程监测记录；

d）检查、维护和校准记录；

e）有关的供方与承包方记录；

f）偶发事件报告；

g）应急准备试验记录；

h）审核结果；

i）管理评审结果；；

j）和外部进行信息交流的决定；

k）适用的环境法律法规要求记录；

l）重要环境因素记录；

m）环境会议记录；

n）环境绩效信息；

o）对法律法规符合性的记录；

p）和相关方的交流。

应当对保守机密信息加以考虑。

注：记录不是证实符合本标准的唯一证据来源。

A5.5 内部审核

对环境管理体系的内部审核，可由组织内部人员或组织聘请的外部人员承担，无论哪种情况，从事审核的人员都应当具备必要的能力，并处在独立的地位，从而能够公正、客观地实施审核。对于小型组织，只要审核员与所审核的活动无责任关系，就可以认为审核员是独立的。

注1：如果组织希望把环境管理体系和环境守法性审核结合在一起，就应当明确划分两者的目的和范围。本标准不涉及环境守法性审核的内容。

注2：关于环境管理体系审核的指南见GB/T19011。

A6 管理评审

管理评审应当覆盖整个环境管理体系，但不必在一次评审中对环境管理体系的所有要素都进行评审，同时评审过程可以延续一段时期。

附录2 建设项目环境保护分类管理名录

为了加强建设项目环境保护管理，提高审批效率，根据《建设项目环境保护管理条例》第七条的规定，制定建设项目环境保护分类管理名录。

一、国家根据建设项目对环境的影响程度，按照下列规定对建设项目实行环境保护分类管理：

（一）建设项目对环境可能造成重大影响的，应当编制环境影响报告书，对建设项目产生的污染和对环境的影响进行全面、详细的评价。

1. 原料、产品或生产过程中涉及的污染物种类多、数量大或毒性大、难以在环境中降解的建设项目；

2. 可能造成生态系统结构重大变化、重要生态功能改变或生物多样性明显减少的建设项目；

3. 可能对脆弱生态系统产生较大影响或可能引发和加剧自然灾害的建设项目；

4. 容易引起跨行政区环境影响纠纷的建设项目；

5. 所有流域开发、开发区建设、城市新区建设和旧区改建等区域性开发活动或建设项目。

（二）建设项目对环境可能造成轻度影响的，应当编制环境影响报告表，对建设项目产生的污染和对环境的影响进行分析或者专项评价。

1. 污染因素单一，而且污染物种类少、产生量小或毒性较低的建设项目；

2. 对地形、地貌、水文、土壤、生物多样性等有一定影响，但不改变生态系统结构和功能的建设项目；

3. 基本不对环境敏感区造成影响的小型建设项目。

（三）建设项目对环境影响很小，不需要进行环境影响评价的，应当填报环境影响登记表。

1. 基本不产生废水、废气、废渣、粉尘、恶臭、噪声、震动、热污染、放射性、电磁波等不利环境影响的建设项目；

2. 基本不改变地形、地貌、水文、土壤、生物多样性等，不改变生态系统结构和功能的建设项目；

3. 不对环境敏感区造成影响的小型建设项目。

二、未列入本名录的建设项目，由省级环境保护行政主管部门根据上述原则，确定其环境保护管理类别，并报国家环境保护总局备案。

三、本名录所称环境敏感区，是指具有下列特征的区域：

1. 需特殊保护地区。国家法律法规、行政规章及规划确定或经县级以上人民政府批准的需要特殊保护的地区，如饮用水水源保护区、自然保护区、风景名胜区、生态功能保护区、基本农田保护区、水土流失重点防治区、森林公园、地质公园、世界遗产地、国家重点文物保护单位、历史文化保护地等。

2. 生态敏感与脆弱区。沙尘暴源区、荒漠中的绿洲、严重缺水地区、珍稀动植物栖息地或特殊生态系统、天然林、热带雨林、红树林、珊瑚礁、鱼虾产卵场、重要湿地和天然渔场等。

3. 社会关注区。人口密集区、文教区、党政机关集中的办公地点、疗养地、医院等，以及具有历史、文化、科学、民族意义的保护地等。

四、位于环境敏感区的建设项目，如其环境影响特征（包括污染因子和生态因子）对该敏感区环境保护目标不造成主要环境影响的，该建设项目环境影响评价是否按敏感区要求管理，由有审批权的环境保护行政主管部门征求当地环境保护部门意见后确认。

五、以促进企业技术进步和调整产业结构为目标，用清洁生产工艺替代落后工艺，污染物排放总量明显减少，现有污染源排放符合国家和地方排放标准及总量控制要求的技术改造项目，经有审批权的环境保护行政主管部门同意后，环境影响评价工作可适当简化。

六、纳入区域性开发的建设项目，如编制区域开发规划时进行了环境影响评价，其环境影响报告书已经环境保护行政主管部门批准，且建设项目的性质、规模、地点或采用的生产工艺符合区域开发总体要求的，经有审批权的环境保护行政主管部门同意后，环境影响评价工作可适当简化。

七、跨行业复合型建设项目的环境保护管理类别按其中等级最严的确定。

八、国家法律法规及产业政策明令禁止建设或投资，如列入《淘汰落后生产能力、工艺和产品的目录》和《工商领域禁止重复建设目录》的建设项目，不适用本《名录》。各级环保行政主管部门不得批准此类建设项目环境影响报告书、环境影响报告表或者环境影响登记表。

九、本名录自2003年1月1日起施行。

十、本名录由国家环境保护总局负责解释。

附录 3　排污费征收使用管理条例

(2003 年 1 月 2 日国务院令第 369 号公布,自 2003 年 7 月 1 日起施行)

第一章　总则

第一条　为了加强对排污费征收、使用的管理,制定本条例。

第二条　直接向环境排放污染物的单位和个体工商户(以下简称排污者),应当依照本条例的规定缴纳排污费。

排污者向城市污水集中处理设施排放污水、缴纳污水处理费用的,不再缴纳排污费。排污者建成工业固体废物储存或者处置设施、场所并符合环境保护标准,或者其原有工业固体废物储存或者处置设施、场所经改造符合环境保护标准的,自建成或者改造完成之日起,不再缴纳排污费。

国家积极推进城市污水和垃圾处理产业化。城市污水和垃圾集中处理的收费办法另行制定。

第三条　县级以上人民政府环境保护行政主管部门、财政部门、价格主管部门应当按照各自的职责,加强对排污费征收、使用工作的指导、管理和监督。

第四条　排污费的征收、使用必须严格实行"收支两条线",征收的排污费一律上缴财政,环境保护执法所需经费列入本部门预算,由本级财政予以保障。

第五条　排污费应当全部专项用于环境污染防治,任何单位和个人不得截留、挤占或者挪作他用。

任何单位和个人对截留、挤占或者挪用排污费的行为,都有权检举、控告和投诉。

第二章　污染物排放种类、数量的核定

第六条　排污者应当按照国务院环境保护行政主管部门的规定,向县级以上地方人民政府环境保护行政主管部门申报排放污染物的种类、数量,并提供有关资料。

第七条　县级以上地方人民政府环境保护行政主管部门,应当按照国务院环境保护行政主管部门规定的核定权限对排污者排放污染物的种类、数量进行核定。

装机容量 30 万千瓦以上的电力企业排放二氧化硫的数量,由省、自治区、直辖市人民政府环境保护行政主管部门核定。

污染物排放种类、数量经核定后,由负责污染物排放核定工作的环境保护行政主管部门书面通知排污者。

第八条　排污者对核定的污染物排放种类、数量有异议的,自接到通知之日起 7 日内,可以向发出通知的环境保护行政主管部门申请复核;环境保护行政主管部门应当自接到复核申请之日起 10 日内,作出复核决定。

第九条　负责污染物排放核定工作的环境保护行政主管部门在核定污染物排放种类、数量时,具备监测条件的,按照国务院环境保护行政主管部门规定的监测方法进行核定;不具备

监测条件的，按照国务院环境保护行政主管部门规定的物料衡算方法进行核定。

第十条　排污者使用国家规定强制检定的污染物排放自动监控仪器对污染物排放进行监测的，其监测数据作为核定污染物排放种类、数量的依据。

排污者安装的污染物排放自动监控仪器，应当依法定期进行校验。

第三章　排污费的征收

第十一条　国务院价格主管部门、财政部门、环境保护行政主管部门和经济贸易主管部门，根据污染治理产业化发展的需要、污染防治的要求和经济、技术条件以及排污者的承受能力，制定国家排污费征收标准。

国家排污费征收标准中未作规定的，省、自治区、直辖市人民政府可以制定地方排污费征收标准，并报国务院价格主管部门、财政部门、环境保护行政主管部门和经济贸易主管部门备案。

排污费征收标准的修订，实行预告制。

第十二条　排污者应当按照下列规定缴纳排污费：

(一)依照大气污染防治法、海洋环境保护法的规定，向大气、海洋排放污染物的，按照排放污染物的种类、数量缴纳排污费。

(二)依照水污染防治法的规定，向水体排放污染物的，按照排放污染物的种类、数量缴纳排污费；向水体排放污染物超过国家或者地方规定的排放标准的，按照排放污染物的种类、数量加倍缴纳排污费。

(三)依照固体废物污染环境防治法的规定，没有建设工业固体废物储存或者处置的设施、场所，或者工业固体废物储存或者处置的设施、场所不符合环境保护标准的，按照排放污染物的种类、数量缴纳排污费；以填埋方式处置危险废物不符合国家有关规定的，按照排放污染物的种类、数量缴纳危险废物排污费。

(四)依照环境噪声污染防治法的规定，产生环境噪声污染超过国家环境噪声标准的，按照排放噪声的超标声级缴纳排污费。

排污者缴纳排污费，不免除其防治污染、赔偿污染损害的责任和法律、行政法规规定的其他责任。

第十三条　负责污染物排放核定工作的环境保护行政主管部门，应当根据排污费征收标准和排污者排放的污染物种类、数量，确定排污者应当缴纳的排污费数额，并予以公告。

第十四条　排污费数额确定后，由负责污染物排放核定工作的环境保护行政主管部门向排污者送达排污费缴纳通知单。

排污者应当自接到排污费缴纳通知单之日起 7 日内，到指定的商业银行缴纳排污费。商业银行应当按照规定的比例将收到的排污费分别解缴中央国库和地方国库。具体办法由国务院财政部门会同国务院环境保护行政主管部门制定。

第十五条　排污者因不可抗力遭受重大经济损失的，可以申请减半缴纳排污费或者免缴排污费。

排污者因未及时采取有效措施，造成环境污染的，不得申请减半缴纳排污费或者免缴排污费。

排污费减缴、免缴的具体办法由国务院财政部门、国务院价格主管部门会同国务院环境保护行政主管部门制定。

第十六条 排污者因有特殊困难不能按期缴纳排污费的，自接到排污费缴纳通知单之日起 7 日内，可以向发出缴费通知单的环境保护行政主管部门申请缓缴排污费；环境保护行政主管部门应当自接到申请之日起 7 日内，作出书面决定；期满未作出决定的，视为同意。

排污费的缓缴期限最长不超过 3 个月。

第十七条 批准减缴、免缴、缓缴排污费的排污者名单由受理申请的环境保护行政主管部门会同同级财政部门、价格主管部门予以公告，公告应当注明批准减缴、免缴、缓缴排污费的主要理由。

第四章 排污费的使用

第十八条 排污费必须纳入财政预算，列入环境保护专项资金进行管理，主要用于下列项目的拨款补助或者贷款贴息：

（一）重点污染源防治；

（二）区域性污染防治；

（三）污染防治新技术、新工艺的开发、示范和应用；

（四）国务院规定的其他污染防治项目。

具体使用办法由国务院财政部门会同国务院环境保护行政主管部门征求其他有关部门意见后制定。

第十九条 县级以上人民政府财政部门、环境保护行政主管部门应当加强对环境保护专项资金使用的管理和监督。

按照本条例第十八条的规定使用环境保护专项资金的单位和个人，必须按照批准的用途使用。

县级以上地方人民政府财政部门和环境保护行政主管部门每季度向本级人民政府、上级财政部门和环境保护行政主管部门报告本行政区域内环境保护专项资金的使用和管理情况

第二十条 审计机关应当加强对环境保护专项资金使用和管理的审计监督。

第五章 罚则

第二十一条 排污者未按照规定缴纳排污费的，由县级以上地方人民政府环境保护行政主管部门依据职权责令限期缴纳；逾期拒不缴纳的，处应缴纳排污费数额 1 倍以上 3 倍以下的罚款，并报经有批准权的人民政府批准，责令停产停业整顿。

第二十二条 排污者以欺骗手段骗取批准减缴、免缴或者缓缴排污费的，由县级以上地方人民政府环境保护行政主管部门依据职权责令限期补缴应当缴纳的排污费，并处所骗取批准减缴、免缴或者缓缴排污费数额 1 倍以上 3 倍以下的罚款。

第二十三条 环境保护专项资金使用者不按照批准的用途使用环境保护专项资金的，由县级以上人民政府环境保护行政主管部门或者财政部门依据职权责令限期改正；逾期不改正的，10 年内不得申请使用环境保护专项资金，并处挪用资金数额 1 倍以上 3 倍以下的罚款。

第二十四条　县级以上地方人民政府环境保护行政主管部门应当征收而未征收或者少征收排污费的，上级环境保护行政主管部门有权责令其限期改正，或者直接责令排污者补缴排污费。

第二十五条　县级以上人民政府环境保护行政主管部门、财政部门、价格主管部门的工作人员有下列行为之一的，依照刑法关于滥用职权罪、玩忽职守罪或者挪用公款罪的规定，依法追究刑事责任；尚不够刑事处罚的，依法给予行政处分：

(一)违反本条例规定批准减缴、免缴、缓缴排污费的；

(二)截留、挤占环境保护专项资金或者将环境保护专项资金挪作他用的；

(三)不按照本条例的规定履行监督管理职责，对违法行为不予查处，造成严重后果的。

第六章　附则

第二十六条　本条例自2003年7月1日起施行。1982年2月5日国务院发布的《征收排污费暂行办法》和1988年7月28日国务院发布的《污染源治理专项基金有偿使用暂行办法》同时废止。

附录4　污水综合排放标准(GB8978—1996)

(代替 GB8978—88)

为贯彻《中华人民共和国环境保护法》《中华人民共和国水污染防治法》和《中华人民共和国海洋环境保护法》，控制水污染，保护江河、湖泊、运河、渠道、水库和海洋等地面水以及地下水水质的良好状态，保障人体健康，维护生态平衡，促进国民经济和城乡建设的发展，特制定本标准。

1　主题内容与适用范围

1.1　主题内容

本标准按照污水排放去向，分年限规定了69种水污染物最高允许排放浓度及部分行业最高允许排水量。

1.2　适用范围

本标准适用于现有单位水污染物的排放管理，以及建设项目的环境影响评价、建设项目环境保护设施设计、竣工验收及其投产后的排放管理。

按照国家综合排放标准与国家行业排放标准不交叉执行的原则，造纸工业执行《造纸工业水污染物排放标准(GB3544—92)》，船舶执行《船舶污染物排放标准(GB3552—83)》，船舶工业执行《船舶工业污染物排放标准(GB4286—84)》，海洋石油开发工业执行《海洋石油开发工业含油污水排放标准(GB4914—85)》，纺织染整工业执行《纺织染整工业水污染物排放标准(GB4287—92)》，肉类加工工业执行《肉类加工工业水污染物排放标准(GB13457—92)》，合成氨工业执行《合成氨工业水污染物排放标准(GB13458—92)》，钢铁工业执行《钢铁工业水污染物排放标准(GB13456—92)》,航天推进剂使用执行《航天推进剂水污染物排放标准(GB14374—93)》,兵器工业执行《兵器工业水污染物排放标准(GB14470.1~14470.3—93和GB4274~4279—84)》,磷肥工业执行《磷肥工业水污染物排放标准(GB15580—95)》,烧碱、聚氯乙烯工业执行《烧碱、聚氯乙烯工业水污染物排放标准(GB15581—95)》,其他水污染物排放均执行本标准。

1.3 本标准颁布后,新增加国家行业水污染物排放标准的行业,按其适用范围执行相应的国家水污染物行业标准,不再执行本标准。

2 引用标准

下列标准所包含的条文,通过在本标准中引用而构成为本标准的条文。

GB3097—82《海水水质标准》

GB3838—88《地面水环境质量标准》

GB8703—88《地面水环境质量标准》

GB8703—88《辐射防护规定》

3 定义

3.1 污水。指在生产与生活活动中排放的水的总称。

3.2 排水量。指在生产过程中直接用于工艺生产的水的排放量。不包括间接冷却水、厂区锅炉、电站排水。

3.3 一切排污单位。指本标准适用范围所包括的一切排污单位。

3.4 其他排污单位。指在某一控制项目中,除所列行业外的一切排污单位。

4 技术内容

4.1 标准分级

4.1.1 排入GB3838Ⅲ类水域(划定的保护区和游泳区除外)和排入GB3097中二类海域的污水,执行一级标准。

4.1.2 排入GB 3838中Ⅳ、Ⅴ类水域和排入GB3097中三类海域的污水,执行二级标准。

4.1.3 排入设置二级污水处理厂的城镇排水系统的污水,执行三级标准。

4.1.4 排入未设置二级污水处理厂的城镇排水系统的污水,必须根据排水系统出水受纳水域的功能要求,分别执行4.1.1和4.1.2的规定。

4.1.5 GB3838中Ⅰ,Ⅱ类水域和Ⅲ类水域中划定的保护区,GB3097中一类海域,禁止新建排污口,现有排污口应按水体功能要求,实行污染物总量控制,以保证受纳水体水质符合规定用途的水质标准。

4.2 标准值

4.2.1 本标准将排放的污染物按其性质及控制方式分为两类。

4.2.1.1 第一类污染物,不分行业和污水排放方式,也不分受纳水体的功能类别,一律在车间或车间处理设施排放口采样,其最高允许排放浓度必须达到本标准要求(采矿行业的尾矿坝出水口不得视为车间排放口)。

4.2.1.2　第二类污染物,在排污单位排放口采样,其最高允许排放浓度必须达到本标准要求。

4.2.2　本标准按年限规定了第一类污染物和第二类污染物最高允许排放浓度及部分行业最高允许排水量,分别为:

4.2.2.1　1997 年 12 月 31 日之前建设(包括改、扩建)的单位,水污染物的排放必须同时执行表 1、表 2、表 3 的规定。

4.2.2.2　1998 年 1 月 1 日起建设(包括改、扩建)的单位,水污染物的排放必须同时执行表 1、表 4、表 5 的规定。

4.2.2.3　建设(包括改、扩建)单位的建设时间,以环境影响评价报告书(表)批准日期为准划分。

4.3　其他规定

4.3.1　同一排放口排放两种或两种以上不同类别的污水,且每种污水的排放标准又不同时,其混合污水的排放标准按附录 A 计算。

4.3.2　工业污水污染物的最高允许排放负荷量按附录 B 计算。

4.3.3　污染物最高允许年排放总量按附录 C 计算。4.3.4 对于排放含有放射性物质的污水,除执行本标准外,还须符合 GB8703—88《辐射防护规定》。

表 1　第一类污染物最高允许排放浓度　　单位:mg/L

序号	污染物	最高允许排放浓度
1	总汞	0.05
2	烷基汞	不得检出
3	总镉	0.1
4	总铬	1.5
5	六价铬	0.5
6	总砷	0.5
7	总铅	1.0
8	总镍	1.0
9	苯并(a)芘	0.000 03
10	总铍	0.005
11	总银	0.5
12	总 α 放射性	1Bq/L
13	总 β 放射性	10Bq/L

表 2　第二类污染物最高允许排放浓度

（1997 年 12 月 31 日之前建设的单位）　　单位：mg/L

序号	污染物	适用范围	一级标准	二级标准	三级标准
1	pH	一切排污单位	6～9	6～9	6～9
2	色度(稀释倍数)	染料工业	50	180	
		其他排污单位	50	80	
		采矿、选矿、选煤工业	100	300	
		脉金选矿	100	500	
3	悬浮物(SS)	边远地区砂金选矿	100	800	
		城镇二级污水处理厂	20	30	
		其他排污单位	70	200	400
		甘蔗制糖、苎麻脱胶、湿法纤维板工业	30	100	600
4	五日生化需氧量(BOD_5)	甜菜制糖、酒精、味精、皮革、化纤浆粕工业	30	150	600
		城镇二级污水处理厂	20	30	
		其他排污单位	30	60	300
		甜菜制糖、焦化、合成脂肪酸、湿法纤维板、染料、洗毛、有机磷农药工业	100	200	1 000
		味精、酒精、医药原料药、生物制药、苎麻脱胶、皮革、化纤浆粕工业	100	300	1 000
		石油化工工业(包括石油炼制)	100	150	500
5	化学需氧量(COD)	城镇二级污水处理厂	60	120	
		其他排污单位	100	150	500
6	石油类	一切排污单位	10	10	30
7	动植物油	一切排污单位	20	20	100
8	挥发酚	一切排污单位	0.5	0.5	2.0

续 表

序号	污染物	适用范围	一级标准	二级标准	三级标准
9	总氰化合物	电影洗片(铁氰化合物)	0.5	5.0	5.0
		其他排污单位	0.5	0.5	1.0
10	硫化物	一切排污单位	1.0	1.0	2.0
11	氨氮	医药原料药、染料、石油化工工业	15	50	
		其他排污单位	15	25	
		黄磷工业	10	20	20
12	氟化物	低氟地区(水体含氟量<0.5 mg/L)	10	20	30
		其他排污单位	10	10	20
13	磷酸盐(以P计)	一切排污单位	0.5	1.0	
14	甲醛	一切排污单位	1.0	2.0	5.0
15	苯胺类	一切排污单位	1.0	2.0	5.0
16	硝基苯类	一切排污单位	2.0	3.0	5.0
17	阴离子表面活性剂(LAS)	合成洗涤剂工业	5.0	15	20
		其他排污单位	5.0	10	20
18	总铜	一切排污单位	0.5	1.0	2.0
19	总锌	一切排污单位	2.0	5.0	5.0
20	总锰	合成脂肪酸工业	2.0	5.0	5.0
		其他排污单位	2.0	2.0	5.0
21	彩色显影剂	电影洗片	2.0	3.0	5.0
22	显影剂及氧化物总量	电影洗片	3.0	6.0	6.0
23	元素磷	一切排污单位	0.1	0.3	0.3
24	有机磷农药(以P计)	一切排污单位	不得检出	0.5	0.5
25	粪大肠菌群数	医院*、兽医院及医疗机构含病原体污水	500个/L	1 000个/L	5 000个/L

续 表

序号	污染物	适用范围	一级标准	二级标准	三级标准
		传染病、结核病医院污水	100 个/L	500 个/L	1 000 个/L
26	总余氯(采用氯化消毒的医院污水)	医院*、兽医院及医疗机构含病原体污水	<0.5**	>3(接触时间≥1h)	>2(接触时间≥1h)
		传染病、结核病医院污水	<0.5**	>6.5(接触时间≥1.5h)	>5(接触时间≥1.5h)

注:* 指 50 个床位以上的医院。

** 加氯消毒后须进行脱氯处理,达到本标准

表 3 部分行业最高允许排水量

(1997 年 12 月 31 日之前建设的单位)

序号	行业类别				最高允许排水量或最低允许水重复利用率
1	矿山工业	有色金属系统选矿			水重复利用率 75%
		其他矿山工业采矿、选矿、选煤等			水重复利用率 90% (选煤)
		脉金选矿	重选		16.0 m^3/t (矿石)
			浮选		9.0 m^3/t (矿石)
			氰化		8.0 m^3/t (矿石)
			碳浆		8.0 m^3/t (矿石)
2	焦化企业(煤气厂)				1.2 m^3/t (焦炭)
3	有色金属冶炼及金属加工				水重复利用率 80%
4	石油炼制工业(不包括直排水炼油厂) 加工深度分类: A. 燃料型炼油; B. 燃料+润滑油型炼油厂; C. 燃料+润滑油型+炼油化工型炼油厂; (包括加工高含硫原油页岩油和石油添加剂生产基地的炼油厂)			A	>500 万 t,1.0 m^3/t (原油) 250~500 万 t,1.2 m^3/t (原油) <250 万 t,1.5 m^3/t (原油)
				B	>500 万 t,1.5 m^3/t (原油) 250~500 万 t,2.0 m^3/t (原油) <250 万 t,2.0 m^3/t (原油)
				C	>500 万 t,2.0 m^3/t (原油) 250~500 万 t,2.5 m^3/t (原油) <250 万 t,2.5 m^3/t (原油)

续 表

<table>
<tr><th>序号</th><th colspan="3">行业类别</th><th>最高允许排水量或
最低允许水重复利用率</th></tr>
<tr><td rowspan="3">5</td><td rowspan="3">合成洗涤剂工业</td><td colspan="2">氯化法生产烷基苯</td><td>200.0 m^3/t （烷基苯）</td></tr>
<tr><td colspan="2">裂解法生产烷基苯</td><td>70.0 m^3/t （烷基苯）</td></tr>
<tr><td colspan="2">烷基苯生产合成洗涤剂</td><td>10.0 m^3/t （产品）</td></tr>
<tr><td>6</td><td colspan="3">合成脂肪酸工业</td><td>200.0 m^3/t （产品）</td></tr>
<tr><td>7</td><td colspan="3">湿法生产纤维板工业</td><td>30.0 m^3/t （板）</td></tr>
<tr><td rowspan="2">8</td><td rowspan="2">制糖工业</td><td colspan="2">某蔗制糖</td><td>10.0 m^3/t （甘蔗）</td></tr>
<tr><td colspan="2">甜菜制糖</td><td>4.0 m^3/t （甜菜）</td></tr>
<tr><td rowspan="3">9</td><td rowspan="3">皮革工业</td><td colspan="2">猪盐湿皮</td><td>60.0 m^3/t （原皮）</td></tr>
<tr><td colspan="2">牛干皮</td><td>100.0 m^3/t （原皮）</td></tr>
<tr><td colspan="2">羊干皮</td><td>150.0 m^3/t （原皮）</td></tr>
<tr><td rowspan="5">10</td><td rowspan="3">发酵酿造工业</td><td rowspan="3">酒精工业</td><td>以玉米为原料</td><td>150.0 m^3/t （酒精）</td></tr>
<tr><td>以薯类为原料</td><td>100 m^3/t （酒精）</td></tr>
<tr><td>以糖蜜为原料</td><td>80.0 m^3/t （酒精）</td></tr>
<tr><td colspan="3">味精工业</td><td>600.0 m^3/t （味精）</td></tr>
<tr><td colspan="3">啤酒工业（排水量不包括麦芽水部分）</td><td>16.0 m^3/t （啤酒）</td></tr>
<tr><td>11</td><td colspan="3">铬盐工业</td><td>5.0 m^3/t （产品）</td></tr>
<tr><td>12</td><td colspan="3">硫酸工业（水洗法）</td><td>15.0 m^3/t （硫酸）</td></tr>
<tr><td>13</td><td colspan="3">苎麻脱胶工业</td><td>500 m^3/t （原麻）或 750 m^3/t （精干麻）</td></tr>
<tr><td>14</td><td colspan="3">化纤浆粕</td><td>本色：150 m^3/t （浆）漂白：240 m^3/t （浆）</td></tr>
<tr><td rowspan="2">15</td><td rowspan="2">粘胶纤维工业
（单纯纤维）</td><td colspan="2">短纤维（棉型中长纤维、毛型中长纤维）</td><td>300 m^3/t （纤维）</td></tr>
<tr><td colspan="2">长纤维</td><td>800 m^3/t （纤维）</td></tr>
<tr><td>16</td><td colspan="3">铁路货车洗刷</td><td>5.0 m^3/辆</td></tr>
<tr><td>17</td><td colspan="3">电影洗片</td><td>5 m^3/1 000m （35mm 的胶片）</td></tr>
<tr><td>18</td><td colspan="3">石油沥青工业</td><td>冷却池的水循环利用率 95%</td></tr>
</table>

表 4 第二类污染物最高允许排放浓度

（1998 年 1 月 1 日后建设的单位） 单位：mg/L

序号	污染物	适用范围	一级标准	二级标准	三级标准
1	pH	一切排污单位	6～9	6～9	6～9
2	色度（稀释倍数）	一切排污单位	50	80	
3	悬浮物（SS）	采矿、选矿、选煤工业	70	300	
		脉金选矿	70	400	
		边远地区砂金选矿	70	800	
		城镇二级污水处理厂	20	30	
		其他排污单位	70	150	400
4	五日生化需氧量（BOD_5）	甘蔗制糖、苎麻脱胶、湿法纤维板、染料、洗毛工业	20	60	600
		甜菜制糖、酒精、味精、皮革、化纤浆粕工业	20	100	600
		城镇二级污水处理厂	20	30	
		其他排污单位	20	30	300
5	化学需氧量（COD）	甜菜制糖、合成脂肪酸、湿法纤维板、染料、洗毛、有机磷农药工业	100	200	1 000
		味精、酒精、医药原料药、生物制药、苎麻脱胶、皮革、化纤浆粕工业	100	300	1 000
		石油化工工业（包括石油炼制）	60	120	
		城镇二级污水处理厂	60	120	500
		其他排污单位	100	150	500
6	石油类	一切排污单位	5	10	20
7	动植物油	一切排污单位	10	15	100
8	挥发酚	一切排污单位	0.5	0.5	2.0
9	总氰化合物	一切排污单位	0.5	0.5	1.0
10	硫化物	一切排污单位	1.0	1.0	1.0
11	氨氮	医药原料药、染料、石油化工工业	15	50	
		其他排污单位	15	25	
12	氟化物	黄磷工业	10	15	20
		低氟地区 （水体含氟量<0.5 mg/L）	10	20	30
		其他排污单位	10	10	20

续表

序号	污染物	适用范围	一级标准	二级标准	三级标准
13	磷酸盐(以P计)	一切排污单位	0.5	1.0	
14	甲醛	一切排污单位	1.0	2.0	5.0
15	苯胺类	一切排污单位	1.0	2.0	5.0
16	硝基苯类	一切排污单位	2.0	3.0	5.0
17	阴离子表面活性剂(LAS)	一切排污单位	5.0	10	20
18	总铜	一切排污单位	0.5	1.0	2.0
19	总锌	一切排污单位	2.0	5.0	5.0
20	总锰	合成脂肪酸工业	2.0	5.0	5.0
		其他排污单位	2.0	2.0	5.0
21	彩色显影剂	电影洗片	1.0	2.0	3.0
22	显影剂及氧化物总量	电影洗片	3.0	3.0	6.0
23	元素磷	一切排污单位	0.1	0.1	0.3
24	有机磷农药(以P计)	一切排污单位	不得检出	0.5	0.5
25	乐果	一切排污单位	不得检出	1.0	2.0
26	对硫磷	一切排污单位	不得检出	1.0	2.0
27	甲基对硫磷	一切排污单位	不得检出	1.0	2.0
28	马拉硫磷	一切排污单位	不得检出	5.0	10
29	五氯酚及五氯酚钠(以五氯酚计)	一切排污单位	5.0	8.0	10
30	可吸附有机卤化物(AOX)(以Cl计)	一切排污单位	1.0	5.0	8.0
31	三氯甲烷	一切排污单位	0.3	0.6	1.0
32	四氯化碳	一切排污单位	0.03	0.06	0.5
33	三氯乙烯	一切排污单位	0.3	0.6	1.0
34	四氯乙烯	一切排污单位	0.1	0.2	0.5
35	苯	一切排污单位	0.1	0.2	0.5
36	甲苯	一切排污单位	0.1	0.2	0.5
37	乙苯	一切排污单位	0.4	0.6	1.0
38	邻—二甲苯	一切排污单位	0.4	0.6	1.0

续表

序号	污染物	适用范围	一级标准	二级标准	三级标准
39	对-二甲苯	一切排污单位	0.4	0.6	1.0
40	间-二甲苯	一切排污单位	0.4	0.6	1.0
41	氯苯	一切排污单位	0.2	0.4	1.0
42	邻-二氯苯	一切排污单位	0.4	0.6	1.0
43	对-二氯苯	一切排污单位	0.4	0.6	1.0
44	对-硝基氯苯	一切排污单位	0.5	1.0	5.0
45	2,4-二硝基氯苯	一切排污单位	0.5	1.0	5.0
46	苯酚	一切排污单位	0.3	0.4	1.0
47	间-甲酚	一切排污单位	0.1	0.2	0.5
48	2,4-二氯酚	一切排污单位	0.6	0.8	1.0
49	2,4,6-三氯酚	一切排污单位	0.6	0.8	1.0
50	邻苯二甲酸二丁脂	一切排污单位	0.2	0.4	2.0
51	邻苯二甲酸二辛脂	一切排污单位	0.3	0.6	2.0
52	丙烯腈	一切排污单位	2.0	5.0	5.0
53	总硒	一切排污单位	0.1	0.2	0.5
54	粪大肠菌群数	医院*、兽医院及医疗机构含病原体污水	500个/L	1 000个/L	5 000个/L
		传染病、结核病医院污水	100个/L	500个/L	1000个/L
55	总余氯(采用氯化消毒的医院污水)	医院*、兽医院及医疗机构含病原体污水	<0.5**	>3(接触时间≥1h)	>2(接触时间≥1h)
		传染病、结核病医院污水	<0.5**	>6.5(接触时间≥1.5h)	>5(接触时间≥1.5h)
56	总有机碳(TOC)	合成脂肪酸工业	20	40	
		苎麻脱胶工业	20	60	
		其他排污单位	20	30	

注:其他排污单位:指除在该控制项目中所列行业以外的一切排污单位。

* 指50个床位以上的医院。

** 加氯消毒后须进行脱氯处理,达到本标准。

表 5　部分行业最高允许排水量

（1998 年 1 月 1 日后建设的单位）

<table>
<tr><th>序号</th><th colspan="3">行业类别</th><th colspan="2">最高允许排水量或
最低允许排水重复利用率</th></tr>
<tr><td rowspan="6">1</td><td rowspan="6">矿山工业</td><td colspan="2">有色金属系统选矿</td><td colspan="2">水重复利用率 75%</td></tr>
<tr><td colspan="2">其他矿山工业采矿、选矿、选煤等</td><td colspan="2">水重复利用率 90%(选煤)</td></tr>
<tr><td rowspan="4">脉金选矿</td><td>重选</td><td colspan="2">16.0 m^3/t （矿石）</td></tr>
<tr><td>浮选</td><td colspan="2">9.0 m^3/t （矿石）</td></tr>
<tr><td>氰化</td><td colspan="2">8.0 m^3/t （矿石）</td></tr>
<tr><td>碳浆</td><td colspan="2">8.0 m^3/t （矿石）</td></tr>
<tr><td>2</td><td colspan="3">焦化企业(煤气厂)</td><td colspan="2">1.2 m^3/t （焦炭）</td></tr>
<tr><td>3</td><td colspan="3">有色金属冶炼及金属加工</td><td colspan="2">水重复利用率 80%</td></tr>
<tr><td rowspan="3">4</td><td colspan="3" rowspan="3">石油炼制工业(不包括直排水炼油厂)
加工深度分类：
A. 燃料型炼油；
B. 燃料＋润滑油型炼油厂；
C. 燃料＋润滑油型＋炼油化工型炼油厂；
(包括加工高含硫原油页岩油和石油添加剂生产基地的炼油厂)</td><td>A</td><td>>500 万 t，1.0 m^3/t （原油）
250～500 万 t，1.2 m^3/t （原油）
<250 万 t，1.5 m^3/t （原油）</td></tr>
<tr><td>B</td><td>>500 万 t，1.5 m^3/t （原油）
250～500 万 t，2.0 m^3/t （原油）
<250 万 t，2.0 m^3/t （原油）</td></tr>
<tr><td>C</td><td>>500 万 t，2.0 m^3/t （原油）
250～500 万 t，2.5 m^3/t （原油）
<250 万 t，2.5 m^3/t （原油）</td></tr>
<tr><td rowspan="3">5</td><td rowspan="3">合成洗涤剂工业</td><td colspan="2">氯化法生产烷基苯</td><td colspan="2">200.0 m^3/t （烷基苯）</td></tr>
<tr><td colspan="2">裂解法生产烷基苯</td><td colspan="2">70.0 m^3/t （烷基苯）</td></tr>
<tr><td colspan="2">烷基苯生产合成洗涤剂</td><td colspan="2">10.0 m^3/t （产品）</td></tr>
<tr><td>6</td><td colspan="3">合成脂肪酸工业</td><td colspan="2">200.0 m^3/t （产品）</td></tr>
<tr><td>7</td><td colspan="3">湿法生产纤维板工业</td><td colspan="2">30.0 m^3/t （板）</td></tr>
<tr><td rowspan="2">8</td><td rowspan="2">制糖工业</td><td colspan="2">某蔗制糖</td><td colspan="2">10.0 m^3/t （甘蔗）</td></tr>
<tr><td colspan="2">甜菜制糖</td><td colspan="2">4.0 m^3/t （甜菜）</td></tr>
<tr><td rowspan="3">9</td><td rowspan="3">皮革工业</td><td colspan="2">猪盐湿皮</td><td colspan="2">60.0 m^3/t （原皮）</td></tr>
<tr><td colspan="2">牛干皮</td><td colspan="2">100.0 m^3/t （原皮）</td></tr>
<tr><td colspan="2">羊干皮</td><td colspan="2">150.0 m^3/t （原皮）</td></tr>
</table>

续 表

序号	行业类别			最高允许排水量或 最低允许水重复利用率
10	发酵酿造工业	酒精工业	以玉米为原料	100.0 m^3/t （酒精）
			以薯类为原料	80 m^3/t （酒精）
			以糖蜜为原料	70.0 m^3/t （酒精）
	味精工业			600.0 m^3/t （味精）
	啤酒工业(排水量不包括麦芽水部分)			16.0 m^3/t （啤酒）
11	铬盐工业			5.0 m^3/t （产品）
12	硫酸工业(水洗法)			15.0 m^3/t （硫酸）
13	苎麻脱胶工业			500 m^3/t （原麻)或 750 m^3/t （精干麻）
14	粘胶纤维工业单纯纤维	短纤维(棉型中长纤维、毛型中长纤维)		300 m^3/t （纤维）
		长纤维		800 m^3/t （纤维）
15	化纤浆粕			本色：150 m^3/t （浆)；漂白：240 m^3/t （浆）
16	制药工业医药原料药	青霉素		4 700 m^3/t （氰霉素）
		链霉素		1 450 m^3/t （链霉素）
		土霉素		1 300 m^3/t （土霉素）
		四环素		1 900 m^3/t （四环素）
		洁霉素		9 200 m^3/t （洁霉素）
		金霉素		3 000 m^3/t （金霉素）
		庆大霉素		20 400 m^3/t （庆大霉素）
		维生素 C		1 200 m^3/t （维生素 C）
		氯霉素		2 700 m^3/t （氯霉素）
		新诺明		2 000 m^3/t （新诺明）
		维生素 B1		13 400 m^3/t （维生素 B1）
		安乃近		180 m^3/t （安乃近）
		非那西汀		750 m^3/t （非那西汀）
		呋喃唑酮		2 400 m^3/t （呋喃唑酮）
		咖啡因		1 200 m^3/t （咖啡因）

续 表

序号	行业类别		最高允许排水量或最低允许水重复利用率
17	有机磷农药工业	乐果**	700 m^3/t （产品）
		甲基对硫磷（水相法）**	300 m^3/t （产品）
		对硫磷（P_2S_5 法）**	500 m^3/t （产品）
		对硫磷（$PSCl_3$ 法）**	550 m^3/t （产品）
		敌敌畏（敌百虫碱解法）	200 m^3/t （产品）
		敌百虫	40 m^3/t （产品）（不包括三氯乙醛生产废水）
		马拉硫磷	700 m^3/t （产品）
18	除草剂工业	除草醚	5 m^3/t （产品）
		五氯酚钠	2 m^3/t （产品）
		五氯酚	4 m^3/t （产品）
		2 甲 4 氯	14 m^3/t （产品）
		2,4－D	4 m^3/t （产品）
		丁草胺	4.5 m^3/t （产品）
		绿麦隆（以 Fe 粉还原）	2 m^3/t （产品）
		绿麦隆（以 Na_2S 还原）	3 m^3/t （产品）
19	火力发电工业		3.5 m^3 （MW·h）
20	铁路货车洗刷		5.0 m^3/辆
21	电影洗片		5 m^3/1 000 m （35 mm 胶片）
22	石油沥青工业		冷却池的水循环利用率 95%

注：* 产品按 100%浓度计。

** 不包括 P_2S_5，$PSCl_3$，PCl_3 原料生产废水。

附录 5　大气污染物综合排放标准（GB16297—1996）

1　主题内容与适用范围

1.1　主题内容

本标准规定了 33 种大气污染物的排放限值，同时规定了标准执行中的各种要求。

1.2　适用范围

1.2.1　在我国现有的国家大气污染物排放标准体系中，按照综合性排放标准与行业性排放标准不交叉执行的原则，锅炉执行 GB13271—91《锅炉大气污染物排放标准》、工业炉窑执行 GB9078—1996《工业炉窑大气污染物排放标准》、火电厂执行 GB13223—1996《火电厂大气污染物排放标准》、炼焦炉执行GB16171—1996《炼焦炉大气污染物排放标准》、水泥厂执行GB4915—1996《水泥厂大气污染物排放标准》、恶臭物质排放执行GB14554—93《恶臭污染物排放标准》、汽车排放执行GB14761.1～14761.7—93《汽车大气污染物排放标准》、摩托车排气执行GB14621—93《摩托车排气污染物排放标准》,其他大气污染物排放均执行本标准。

1.2.2 本标准实施后再行发布的行业性国家大气污染物排放标准,按其适用范围规定的污染源不再执行本标准。

1.2.3 本标准适用于现有污染源大气污染物排放管理,以及建设项目的环境影响评价、设计、环境保护设施竣工验收及其投产后的大气污染物排放管理。

2 引用标准

下列标准所包含的条文,通过在本标准中引用而构成为本标准的条文。

GB3095—1996《环境空气质量标准》

GB/T16157—1996《固定污染源排气中颗粒物测定与气态污染物采样方法》。

3 定义

本标准采用下列定义:

3.1 标准状态

指温度为273K,压力为101 325 Pa时的状态。本标准规定的各项标准值,均以标准状态下的干空气为基准。

3.2 最高允许排放浓度

指处理设施后排气筒中污染物任何1小时浓度平均值不得超过的限值;或指无处理设施排气筒中污染物任何1小时浓度平均值不得超过的限值。

3.3 最高允许排放速率

指一定高度的排气筒任何1小时排放污染物的质量不得超过的限值。

3.4 无组织排放

指大气污染物不经过排气筒的无规则排放。低矮排气筒的排放属有组织排放,但在一定条件下也可造成与无组织排放相同的后果。因此,在执行"无组织排放监控浓度限值"指标时,由低矮排气筒造成的监控点污染物浓度增加不予扣除。

3.5 无组织排放监控点

依照本标准附录C的规定,为判别无组织排放是否超过标准而设立的监测点。

3.6 无组织排放监控浓度限值

指监控点的污染物浓度在任何1小时的平均值不得超过的限值。

3.7 污染源

指排放大气污染物的设施或指排放大气污染物的建筑构造(如车间等)。

3.8 单位周界

指单位与外界环境接界的边界。通常应依据法定手续确定边界;若无法定手续,则按目前的实际边界确定。

3.9　无组织排放源

指设置于露天环境中具有无组织排放的设施，或指具有无组织排放的建筑构造(如车间、工棚等)。

3.10　排气筒高度

指自排气筒(或其主体建筑构造)所在的地平面至排气筒出口计的高度。

4　指标体系

本标准设置下列三项指标：

4.1　通过排气筒排放废气的最高允许排放浓度。

4.2　通过排气筒排放的废气，按排气筒高度规定的最高允许排放速率。

任何一个排气筒必须同时遵守上述两项指标，超过其中任何一项均为超标排放。

4.3　以无组织方式排放的废气，规定无组织排放的监控点及相应的监控浓度限值。该指标按照本标准第9.2条的规定执行。

5　排放速率标准分级

本标准规定的最高允许排放速率，现有污染源分一、二、三级，新污染源分为二、三级。按污染源所在的环境空气质量功能区类别，执行相应级别的排放速率标准，即：

位于一类区的污染源执行一级标准(一类区禁止新、扩建污染源，一类区现有污染源改建执行现有污染源的一级标准)；

位于二类区的污染源执行二级标准；

位于三类区的污染源执行三级标准。

6　标准值

6.1　1997年1月1日前设立的污染源(以下简称为现有污染源)执行表1所列标准值。

6.2　1997年1月1日起设立(包括新建、扩建、改建)的污染源(以下简称为新污染源)执行表2所列标准值。

6.3　按下列规定判断污染源的设立日期：

6.3.1　一般情况下应以建设项目环境影响报告书(表)批准日期作为其设立日期。

6.3.2　未经环境保护行政主管部门审批设立的污染源，应按补做的环境影响报告书(表)批准日期作为其设立日期。

7　其他规定

7.1　排气筒高度除须遵守表1所示列排放速率标准值外，还应高出周围200米半径范围的建筑5米以上，不能达到该要求的排气筒，应按其高度对应的表1所列排放速率标准值的50%，严格执行。

7.2　两个排放相同污染物(不论其是否由同一生产工艺过程产生)的排气筒，若其距离小于其几何高度之和，应合并视为一根等效排气筒。若有三根以上的近距排气筒，且排放同一种污染物时，应以前两根的等效排气筒，依次与第三、四根排气筒取等效值。等效排气筒的有关参数计算方法见附录A。

7.3 若某排气筒的高度处于本标准列出的两个值之间，其执行的最高允许排放速率以内插法计算，内插法的计算式见本标准附录B；当某排气筒的高度大于或小于本标准列出的最大或最小值时，以外推法计算其最高允许排放速率，外推法计算式见本标准附录B。

7.4 新污染源的排气筒一般不应低于15米。若新污染源的排气筒必须低于15米时，其排放速率标准值按7.3的外推计算结果再提高50％。

7.5 新污染源的无组织排放应从严控制，一般情况下不应有无组织排放存在，无法避免的无组织排放应达到表1规定的标准值。

7.6 工业生产尾气确定需燃烧排放的，其烟气黑度不得超过林格曼1级。

8 监测

8.1 布点

8.1.1 排气筒中颗粒物或气态污染物监测的采样点数目及采样点位置的设置，按GB/T16157—1996执行。

8.1.2 无组织排放监测的采样点(即监控点)数目和采样点位置的设置方法，详见本标准附录C。

8.2 采样时间和频次

本标准规定的三项指标，均指任何1小时平均值不得超过的限值，故在采样时应做到：

8.2.1 排气筒中废气的采样

以连续1小时的采样获取平均值；或在1小时内，以等时间间隔采集4个样品，并计平均值。

8.2.2 无组织排放监控点的采样、无组织排放监控点和参照点监测的采样，一般采用连续1小时采样计平均值；若浓度偏低，需要时可适当延长采样时间；若分析方法灵敏度高，仅需用短时间采集样品时，应实行等时间间隔采样，采集四个样品计平均值。

8.2.3 特殊情况下的采样时间和频次

若某排气筒的排放为间断性排放，排放时间小于1小时，应在排放时段内实行连续采样，或在排放时段内以等时间间隔采集2～4个样品，并计平均值；

若某排气筒的排放为间断性排放，排放时间大于1小时，则应在排放时段内按8.2.1的要求采样；

当进行污染事故排放监测时，应按需要设置采样时间和采样频次，不受上述要求的限制；

建设项目环境保护设施竣工验收监测的采样时间和频次，按国家环境保护局制定的建设项目环境保护设施竣工验收监测办法执行。

8.3 监测工况要求

8.3.1 在对污染源的日常监督性监测中，采样期间的工况应与当时的运行工况相同，排污单位的人员和实施监测的人员都不应任意改变当时的运行工况。

8.3.2 建设项目环境保护设施竣工验收监测的工况要求按国家环境保护局制定的建设

项目环境保护设施竣工验收监测办法执行。

8.4　采样方法和分析方法

8.4.1　污染物的分析方法按国家环境保护局规定执行。

8.4.2　污染物的采样方法按 GB/T16157—1996 和国家环境保护局规定的分析方法的有关部分执行。

8.5　排气量的测定

排气量的测定应与排放浓度的采样监测同步进行，排气量的测定方法按 GB/T16157—1996 执行。

9　标准实施

9.1　位于国务院批准划定的酸雨控制区和二氧化硫污染控制区的污染源，其二氧化硫排放除执行本标准外，还应执行总量控制标准。

9.2　本标准中无组织排放监控浓度限值，由省、自治区、直辖市人民政府环境保护行政主管部门决定是否在本地区实施，并报国务院环境保护行政主管部门备案。

9.3　本标准由县级以上人民政府环境保护行政主管部门负责监督实施。

表 1　现有污染源大气污染物排放限值

序号	污染物	最高允许排放浓度 $mg\cdot m^{-3}$	最高允许排放速率/$(kg\cdot h^{-1})$				无组织排放监控浓度限值	
			排气筒/m	一级	二级	三级	监控点	浓度/$(mg\cdot m^{-3})$
1	二氧化硫	1 200（硫、二氧化硫、硫酸和其他含硫化合物生产）	15	1.6	3.0	4.1	无组织排放源上风向①设参照点，下风向设监控点	0.50（监控点与参照点浓度差值）
			20	2.6	5.1	7.7		
			30	8.8	17	26		
			40	15	30	45		
			50	23	45	69		
		700（硫、二氧化硫、硫酸和其他含硫化合物使用）	60	33	64	98		
			70	47	91	140		
			80	63	120	190		
			90	82	160	240		
			100	100	200	310		
2	氮氧化物	1 700（硝酸、氮肥和火炸药生产）	15	0.47	0.91	1.4	无组织排放源上风向设参照点，下风向设监控点	0.15（监控点与参照点浓度差值）
			20	0.77	1.5	2.3		
			30	2.6	5.1	7.7		
			40	4.6	8.9	14		
			50	7.0	14	21		
		420（硝酸使用和其他）	60	9.9	19	29		
			70	14	27	41		
			80	19	37	56		
			90	24	47	72		
			100	31	61	92		

续 表

序号	污染物	最高允许排放浓度 mg·m^{-3}	最高允许排放速率/(kg·h^{-1})				无组织排放监控浓度限值	
			排气筒/m	一级	二级	三级	监控点	浓度/(mg·m^{-3})
3	颗粒物	22(碳黑尘、染料尘)	15	禁排	0.60	0.87	周界外浓度最高点② 肉眼不可见	
			20		1.0	1.5		
			30		4.0	5.9		
			40		6.8	10		
		80③(玻璃棉尘、石英粉尘、矿渣棉尘)	15	禁排	2.2	3.1	无组织排放源上风向设参照点,下风向设监控点	2.0(监控点与参照点浓度差值)
			20		3.7	5.3		
			30		14	21		
			40		25	37		
		150(其他)	15	2.1	4.1	5.9	无组织排放源上风向设参照点,下风向设监控点	5.0(监控点与参照点浓度差值)
			20	3.5	6.9	10		
			30	14	27	40		
			40	24	46	69		
			50	36	70	110		
			60	51	100	150		
4	氟化氢	150	15	禁排	0.30	0.46	周界外浓度最高点	0.25
			20		0.51	0.77		
			30		1.7	2.6		
			40		3.0	4.5		
			50		4.5	6.9		
			60		6.4	9.8		
			70		9.1	14		
			80		12	19		
5	铬酸雾	0.080	15	禁排	0.009	0.014	周界外浓度最高点	0.007 5
			20		0.015	0.023		
			30		0.051	0.078		
			40		0.089	0.13		
			50		0.14	0.21		
			60		0.19	0.29		
6	硫酸雾	1000(火炸药厂)	15	禁排	1.8	2.8	周界外浓度最高点	1.5
			20		3.1	4.6		
			30		10	16		
			40		18	27		
		70(其他)	50		27	41		
			60		39	59		
			70		55	83		
			80		74	110		

续 表

序号	污染物	最高允许排放浓度 mg·m^{-3}	最高允许排放速率/(kg·h^{-1})				无组织排放监控浓度限值	
			排气筒/m	一级	二级	三级	监控点	浓度/(mg·m^{-3})
7	氟化物	100(普钙工业) 11(其他)	15	禁排	0.12	0.18	无组织排放源上风向设参照点，下风向设监控点	20(μg/m^3)(监控点与参照点浓度差值)
			20		0.20	0.31		
			30		0.69	1.0		
			40		1.2	1.8		
			50		1.8	2.7		
			60		2.6	3.9		
			70		3.6	5.5		
			80		4.9	7.5		
8	氯气④	85	25	禁排	0.60	0.90	周界外浓度最高点	0.50
			30		1.0	1.5		
			40		3.4	5.2		
			50		5.9	9.0		
			60		9.1	14		
			70		13	20		
			80		18	28		
9	铅及其化合物	0.90	15	禁排	0.005	0.007	周界外浓度最高点	0.007 5
			20		0.007	0.011		
			30		0.031	0.048		
			40		0.055	0.083		
			50		0.085	0.13		
			60		0.12	0.18		
			70		0.17	0.26		
			80		0.23	0.35		
			90		0.31	0.47		
			100		0.39	0.60		
10	汞及其化合物	0.015	15	禁排	1.8×10^{-3}	2.8×10^{-3}	周界外浓度最高点	0.001 5
			20		3.1×10^{-3}	4.6×10^{-3}		
			30		10×10^{-3}	16×10^{-3}		
			40		18×10^{-3}	27×10^{-3}		
			50		27×10^{-3}	41×10^{-3}		
			60		39×10^{-3}	59×10^{-3}		
11	镉及其化合物	1.0	15	禁排	0.060	0.090	周界外浓度最高点	0.050
			20		0.10	0.15		
			30		0.34	0.52		
			40		0.59	0.90		
			50		0.91	1.4		
			60		1.3	2.0		
			70		1.8	2.8		
			80		2.5	3.7		

续表

序号	污染物	最高允许排放浓度 $mg \cdot m^{-3}$	最高允许排放速率/$(kg \cdot h^{-1})$				无组织排放监控浓度限值	
			排气筒/m	一级	二级	三级	监控点	浓度/$(mg \cdot m^{-3})$
12	铍及其化合物	0.015	15	禁排	1.3×10^{-3}	2.0×10^{-3}	周界外浓度最高点	0.001 0
			20		2.2×10^{-3}	3.3×10^{-3}		
			30		7.3×10^{-3}	11×10^{-3}		
			40		13×10^{-3}	19×10^{-3}		
			50		19×10^{-3}	29×10^{-3}		
			60		27×10^{-3}	41×10^{-3}		
			70		39×10^{-3}	58×10^{-3}		
			80		52×10^{-3}	79×10^{-3}		
13	镍及其化合物	5.0	15	禁排	0.18	0.28	周界外浓度最高点	0.050
			20		0.31	0.46		
			30		1.0	1.6		
			40		1.8	2.7		
			50		2.7	4.1		
			60		3.9	5.9		
			70		5.5	8.2		
			80		7.4	11		
14	锡及其化合物	10	15	禁排	0.36	0.55	周界外浓度最高点	0.30
			20		0.61	0.93		
			30		2.1	3.1		
			40		3.5	5.4		
			50		5.4	8.2		
			60		7.7	12		
			70		11	17		
			80		15	22		
15	苯	17	15	禁排	0.60	0.90	周界外浓度最高点	0.50
			20		1.0	1.5		
			30		3.3	5.2		
			40		6.0	9.0		
16	甲苯	60	15	禁排	3.6	5.5	周界外浓度最高点	0.30
			20		6.1	9.3		
			30		21	31		
			40		36	54		
17	二甲苯	90	15	禁排	1.2	1.8	周界外浓度最高点	1.5
			20		2.0	3.1		
			30		6.9	10		
			40		12	18		

续 表

序号	污染物	最高允许排放浓度 mg·m^{-3}	最高允许排放速率/(kg·h^{-1})				无组织排放监控浓度限值	
			排气筒/m	一级	二级	三级	监控点	浓度/(mg·m^{-3})
18	酚类	115	15	禁排	0.12	0.18	周界外浓度最高点	0.10
			20		0.20	0.31		
			30		0.68	1.0		
			40		1.2	1.8		
			50		1.8	2.7		
			60		2.6	3.9		
19	甲醛	30	15	禁排	0.30	0.46	周界外浓度最高点	0.25
			20		0.51	0.77		
			30		1.7	2.6		
			40		3.0	4.5		
			50		4.5	6.9		
			60		6.4	9.8		
20	乙醛	150	15	禁排	0.060	0.090	周界外浓度最高点	0.050
			20		0.10	0.15		
			30		0.34	0.52		
			40		0.59	0.9		
			50		0.91	01.4		
			60		1.3	2.0		
21	丙烯腈	26	15	禁排	0.91	1.4	周界外浓度最高点	0.75
			20		1.5	2.3		
			30		5.1	7.8		
			40		8.9	13		
			50		14	21		
			60		19	29		
22	丙烯醛	20	15	禁排	0.61	0.92	周界外浓度最高点	0.50
			20		1.0	1.5		
			30		3.4	5.2		
			40		5.9	9.0		
			50		9.1	14		
			60		13	20		
23	氯化氢⑤	2.3	25	禁排	0.18	0.28	周界外浓度最高点	0.030
			30		0.31	0.46		
			40		1.0	1.6		
			50		1.8	2.7		
			60		2.7	4.1		
			70		3.9	5.9		
			80		5.5	8.3		

续 表

序号	污染物	最高允许排放浓度 $mg \cdot m^{-3}$	最高允许排放速率/($kg \cdot h^{-1}$)				无组织排放监控浓度限值	
			排气筒/m	一级	二级	三级	监控点	浓度/($mg \cdot m^{-3}$)
24	甲醇	220	15	禁排	6.1	9.2	周界外浓度最高点	15
			20		10	15		
			30		34	52		
			40		59	90		
			50		91	140		
			60		130	200		
25	苯胺类	25	15	禁排	0.61	0.92	周界外浓度最高点	0.50
			20		1.0	1.5		
			30		3.4	5.2		
			40		5.9	9.0		
			50		9.1	14		
			60		13	20		
26	氯苯类	85	15	禁排	0.67	0.92	周界外浓度最高点	0.50
			20		1.0	1.5		
			30		2.9	4.4		
			40		5.0	7.6		
			50		7.7	12		
			60		11	17		
			70		15	23		
			80		21	32		
			90		27	41		
			100		34	52		
27	硝基苯类	20	15	禁排	0.060	0.090	周界外浓度最高点	0.050
			20		0.10	0.15		
			30		0.34	0.52		
			40		0.59	0.90		
			50		0.91	1.4		
			60		1.3	2.0		
28	氯乙烯	65	15	禁排	0.91	1.4	周界外浓度最高点	0.75
			20		1.5	2.3		
			30		5.0	7.8		
			40		8.9	13		
			50		14	21		
			60		19	29		
29	苯并a芘	0.50×10^{-3}（沥青、碳素制品生产和加工）	15	禁排	0.06×10^{-3}	0.09×10^{-3}	周界外浓度最高点	0.01 $\mu g/m^3$
			20		0.10×10^{-3}	0.15×10^{-3}		
			30		0.34×10^{-3}	0.51×10^{-3}		
			40		0.59×10^{-3}	0.89×10^{-3}		
			50		0.90×10^{-3}	1.4×10^{-3}		
			60		1.3×10^{-3}	2.0×10^{-3}		

续 表

序号	污染物	最高允许排放浓度 mg·m⁻³	最高允许排放速率/(kg·h⁻¹)				无组织排放监控浓度限值	
			排气筒/m	一级	二级	三级	监控点	浓度/(mg·m⁻³)
30	光气⑥	5.0	25	禁排	0.12	0.18	周界外浓度最高点	0.10
			30		0.20	0.31		
			40		0.69	1.0		
			50		1.2	1.8		
31	沥青烟	280(吹制沥青)	15	0.11	0.22	0.34	生产设备不得有明显的无组织排放存在	
			20	0.19	0.36	0.55		
		80(溶炼、浸涂)	30	0.82	1.6	2.4		
			40	1.4	2.8	4.2		
			50	2.2	4.3	6.6		
		150(建筑搅拌)	60	3.0	5.9	9.0		
			70	4.5	8.7	13		
			80	6.2	12	18		
32	石棉尘	2 根纤维/cm³ 或 20 mg/m³	15	禁排	0.65	0.98	生产设备不得有明显的无组织排放存在	
			20		1.1	1.7		
			30		4.2	6.4		
			40		7.2	11		
			50		11	17		
33	非甲烷总烃	150(使用溶剂汽油或其他混合烃类物质)	15	6.3	12	18	周界外浓度最高点	5.0
			20	10	20	30		
			30	35	63	100		
			40	61	120	170		

注:①一般应於无组织排放源上风向 2～50 m 范围内设参照点,排放源下风向 2～50 m 范围内设监控点,详见本标准附录 C。下同。

② 周界外浓度最高点一般应设于排放源下风向的单位周界外 10 m 范围内。如预计无组织排放的最大落地浓度点越出 10 m 范围,可将监控点移至该预计浓度最高点,详见附录 C。下同。

③ 均指含游离二氧化硅 10%以上的各种尘。

④ 排放氯气的排气筒不得低于 25 m。

⑤ 排放氰化氢的排气筒不得低于 25 m。

⑥ 排放光气的排气筒不得低于 25 m。

注:本标准的附录 A,B,C 省略。

附录 6　工业企业厂界噪声标准(GB12348—90)

1　标准的适用范围

本标准适用于工厂及有可能造成噪声污染的企事业单位的边界。

1.1 标准值

各类厂界噪声标准值如表 1 所示。

表 1 等效声级 Leq 单位:dB

类别	昼间	夜间
Ⅰ	55	45
Ⅱ	60	50
Ⅲ	65	55
Ⅳ	70	55

1.2 各类标准适用范围规定

1.2.1 Ⅰ类标准适用于以居住、文教机关为主的区域。

1.2.2 Ⅱ类标准适用于居住、商业、工业混杂区及商业中心区。

1.2.3 Ⅲ类标准适用于工业区。

1.2.4 Ⅳ类标准适用于交通干线道路两侧区域。

1.2.5 各类标准适用范围由地方人民政府划定。

1.3 夜间频繁突发的噪声(如排气噪声)。其峰值不准超过标准值 10 分贝,夜间偶然突发的噪声(如短促鸣笛声),其峰值不准超过标准值 15 分贝。

1.4 本标准昼间、夜间的时间由当地人民政府按当地习惯和季节变化划定。

2 引用标准

GB12349 工业企业厂界噪声测量方法

3 监测方法

按 GB12349 执行。

附加说明:

本标准由国家环境保护局提出。

本标准由国家环境保护局负责解释。

本标准主要起草人郭静男、朱煜光、郭秀兰、陈光华、朱建平。

附录 7 建筑施工场界噪声限值(GB12523—90)

为贯彻《中华人民共和国环境保护法》和《中华人民共和国环境噪声污染防治条例》。控制城市环境噪声污染,特制定本标准。

1 适用范围

本标准适用于城市建筑施工期间施工场地产生的噪声

2　标准值

2.1　不同施工阶段作业噪声限值如表1所示。

表1　等效声级 Leq　　单位:dB

施工阶段	主要噪声源	噪声限值	
		昼间	夜间
土石方	推土机、挖掘机、装载机等	75	55
打桩	各种打桩机等	85	禁止施工
结构	混凝土搅拌机、振捣棒、电锯等	70	55
装修	吊车、升降机等	65	55

2.2　表1中所列噪声值是指与敏感区域相应的建筑施工场地边界线处的限值。
2.3　如有几个施工阶段同时进行,以高噪声阶段的限值为准。

3　监测方法

本标准的建筑施工场地边界线处的等效声级测量应按 GB12524《建筑施工场界噪声测量方法》进行。

附录8　地表水环境质量标准(GB3838—2002)

(代替 GB3838—88,GHZB1—1999)

2002-04-28 发布 2002-06-01 实施

国家环保总局　国家质量监督检验检疫总局发布

前　言

为贯彻《中华人民共和国环境保护法》和《中华人民共和国水污染防治法》,防治水污染,保护地表水水质,保障人体健康,维护良好的生态系统,制定本标准。

本标准将标准项目分为:地表水环境质量标准基本项目、集中式生活饮用水地表水源地补充项目和集中式生活饮用水地表水源地特定项目。地表水环境质量标准基本项目适用于全国江河、湖泊、运河、渠道、水库等具有使用功能的地表水水域;集中式生活饮用水地表水源地补充项目和特定项目适用于集中式生活饮用水地表水源地一级保护区和二级保护区。集中式生活饮用水地表水源地特定项目由县级以上人民政府环境保护行政主管部门根据本地 区地表水水质特点和环境管理的需要进行选择,集中式生活饮用水地表水源地补充项目和选择确定的特定项目作为基本项目的补充指标。

本标准项目共计109项,其中地表水环境质量标准基本项目24项,集中式生活饮用水地表水源地补充项目5项,集中式生活饮用水地表水源地特定项目80项。

与 GHZBl—1999 相比,本标准在地表水环境质量标准基本项目中增加了总氮一项指标,删除了基本要求和亚硝酸盐、非离子氨及凯氏氮三项指标，将硫酸盐、氯化物、硝酸盐、铁、锰调整为集中式生活饮用水地表水源地补充项目，修订了 pH、溶解氧、氨氮、总磷、高锰酸盐指数、铝、粪大肠菌群 7 个项目的标准值，增加了集中式生活饮用水地表水源地特定项目 40 项。本标准删除了湖泊水库特定项目标准值。

县级以上人民政府环境保护行政主管部门及相关部门根据职责分工，按本标准对地表水各类水域进行监督管理。

与近海水域相连的地表水河口水域根据水环境功能按本标准相应类别标准值进行管理，近海水功能区水域根据使用功能按《海水水质标准》相应类别标准值进行管理。批准划定的单一渔业水域按《渔业水质标准》进行管理；处理后的城市污水及与城市污水水质相近的工业废水用于农田灌溉用水的水质按《农田灌溉水质标准》进行管理。

《地面水环境质量标准》(GB3838—83)为首次发布，1988 年为第一次修订，1999 年为第二次修订，本次为第三次修订。本标准自 2002 年 6 月 1 日起实施，《地面水环境质量标准》(G83838—88)和《地表水环境质量标准》(GHZBl—1999)同时废止。

本标准由国家环境保护总局科技标准司提出并归口。本标准由中国环境科学研究院负责修订。本标准由国家环境保护总局 2002 年 4 月 26 日批准。本标准由国家环境保护总局负责解释。

1 范围

1.1 本标准按照地表水环境功能分类和保护目标，规定了水环境质量应控制的项目及限值，以及水质评价、水质项目的分析方法和标准的实施与监督。

1.2 本标准适用于中华人民共和国领域内江河、湖泊、运河、渠道、水库等具有使用功能的地表水水域。具有特定功能的水域，执行相应的专业用水水质标准。

2 引用标准

《生活饮用水卫生规范》(卫生部，2001 年)和本标准表 4～表 6 所列分析方法标准及规范中所含条文在本标准中被引用即构成本标准条文，与本标准同效。当上述标准和规范被修订时，应使用其最新版本。

3 水域功能和标准分类

依据地表水水域环境功能和保护目标，按功能高低依次划分为五类：

Ⅰ类 主要适用于源头水、国家自然保护区；

Ⅱ类 主要适用于集中式生活饮用水地表水源地一级保护区、珍稀水生生物栖息地、鱼虾类产卵场、仔稚幼鱼的索饵场等；

Ⅲ类 主要适用于集中式生活饮用水地表水源地二级保护区、鱼虾类越冬场、洄游通道、水产养殖区等渔业水域及游泳区；

Ⅳ类 主要适用于一般工业用水区及人体非直接接触的娱乐用水区；

Ⅴ类 主要适用于农业用水区及一般景观要求水域。

对应地表水上述五类水域功能，将地表水环境质量标准基本项目标准值分为五类，不同功能类别分别执行相应类别的标准值。水域功能类别高的标准值严于水域功能类别低的标准值。同一水域兼有多类使用功能的,执行最高功能类别对应的标准值。实现水域功能与功能类别标准为同一含义。

4　标准值

4.1　地表水环境质量标准基本项目标的准限值见表1。

表1　地表水环境质量标准基本项目标的准限值　单位:mg/L

序号	分类 准限值 项目		Ⅰ类	Ⅱ类	Ⅲ类	Ⅳ类	Ⅴ类
1	水温/℃		人为造成的环境水温变化应限制在: 周平均最大温升≤1 周平均最大温降≤2				
2	pH值(无量纲)		6～9				
3	溶解氧	≥	饱和率90% (或7.5)	6	5	3	2
4	高锰酸盐指数	≤	2	4	6	10	15
5	化学需氧量(COD)	≤	15	15	20	30	40
6	五日生化需氧量(BOD_5)	≤	3	3	4	6	10
7	氨氮(NH3－N)	≤	0.15	0.5	1.0	1.5	2.0
8	总磷(以P计)	≤	0.02 (湖、库0.01)	0.1 (湖、库0.025)	0.2 (湖、库0.05)	0.3 (湖、库0.1)	0.4 (湖、库0.2)
9	总氮(湖、库,以N计)	≤	0.2	0.5	1.0	1.5	2.0
10	铜	≤	0.01	1.0	1.0	1.0	1.0
11	锌	≤	0.05	1.0	1.0	2.0	2.0
12	氟化物(以F^-计)	≤	1.0	1.0	1.0	1.5	1.5
13	硒	≤	0.01	0.01	0.01	0.02	0.02
14	砷	≤	0.05	0.05	0.05	0.1	0.1
15	汞	≤	0.000 05	0.000 05	0.000 1	0.001	0.001
16	镉	≤	0.001	0.005	0.005	0.005	0.01
17	铬(六价)	≤	0.01	0.05	0.05	0.05	0.1
18	铅	≤	0.01	0.01	0.05	0.05	0.1
19	氰化物	≤	0.005	0.05	0.02	0.2	0.2
20	挥发酚	≤	0.002	0.002	0.005	0.01	0.1
21	石油类	≤	0.05	0.05	0.05	0.5	1.0
22	阴离子表面活性剂	≤	0.2	0.2	0.2	0.3	0.3
23	硫化物	≤	0.05	0.1	0.2	0.5	1.0
24	粪大肠菌群(个/L)	≤	200	2 000	10 000	20 000	40 000

4.2 集中式生活饮用水、地表水源地补充项目标的准限值见表 2。

表 2 集中式生活饮用水、地表水源地补充项目标的准限值

单位：mg/L

序号	项目	准限值
1	硫酸盐(以 S0 计)	250
2	氯化物(以 C1 计)	250
3	硝酸盐(以 N 计)	10
4	铁	0.3
5	锰	0.1

4.3 集中式生活饮用水、地表水源地特定项目标的准限值见表 3。

表 3 集中式生活饮用水、地表水源地特定项目标的准限值

单位：mg/L

序号	项目	准限值
1	三氯甲烷	0.06
2	四氯化碳	0.002
3	三溴甲烷	0.1
4	二氯甲烷	0.02
5	1,2-二氯乙烷	0.03
6	环氧氯丙烷	0.02
7	氯乙烯	0.005
8	1,1-二氯乙烯	0.03
9	1,2-二氯乙烯	0.05
10	三氯乙烯	0.07
11	四氯乙烯	0.04
12	氯丁二烯	0.002
13	六氯丁二烯	0.000 6
14	苯乙烯	0.02
15	甲醛	0.9
16	乙醛	0.05
17	丙烯醛	0.1

续表

序号	项目	准限值
18	三氯乙醛	0.01
19	苯	0.01
20	甲苯	0.7
21	乙苯	0.3
22	二甲苯①	0.5
23	异丙苯	0.25
24	氯苯	0.3
25	1,2-二氯苯	1.0
26	1,4-二氯苯	0.3
27	三氯苯②	0.02
28	四氯苯③	0.02
29	六氯苯	0.05
30	硝基苯	0.017
31	二硝基苯④	0.5
32	2,4-二硝基甲苯	0.000 3
33	2,4,6-三硝基甲苯	0.5
34	硝基氯苯⑤	0.05
35	2,4-二硝基氯苯	0.5
36	2,4-一氯苯酚	0.093
37	2,4,6-三氯苯酚	0.2
38	五氯酚	0.009
39	苯胺	0.1
40	联苯胺	0.000 2
41	丙烯酰胺	0.000 5
42	丙烯腈	0.1
43	邻苯二甲酸二丁酯	0.003
44	邻苯二甲酸二(2-乙基己基)酯	0.008

续表

序号	项目	准限值
45	水合肼	0.01
46	四乙基铅	0.000 1
47	吡啶	0.2
48	松节油	0.2
49	苦味酸	0.5
50	丁基黄原酸	0.005
51	活性氯	0.01
52	滴滴涕	0.001
53	林丹	0.002
54	环氧七氯	0.000 2
55	对硫磷	0.003
56	甲基对硫磷	0.002
57	马拉硫磷	0.05
58	乐果	0.08
59	敌敌畏	0.05
60	敌百虫	0.05
61	内吸磷	0.03
62	百菌清	0.01
63	甲萘威	0.05
64	溴氰菊酯	0.02
65	阿特拉津	0.003
66	苯并(a)芘	2.8×10^{-6}
67	甲基汞	1.0×10^{-6}
68	多氯联苯⑥	2.0×10^{-5}
69	微囊藻毒素-L R	0.001
70	黄磷	0.003
71	钼	0.07

续表

序号	项目	准限值
72	钴	1.0
73	铍	0.002
74	硼	0.5
75	锑	0.005
76	镍	0.02
77	钡	0.7
78	钒	0.05
79	钛	0.1
80	铊	0.000 1

注：①二甲苯：指对-二甲苯、间-二甲苯、邻-二甲苯。

②三氯苯：指1,2,3-三氯苯、1,2,4-三氯苯、1,3,5-三氯苯。

③四氯苯：指1,2,3,4-四氯苯、1,2,3。5-四氯苯、1,2,4,5-四氯苯。

④二硝基苯：指对-二硝基苯、间-二硝基苯、邻-二硝基苯。

⑤硝基氯苯：指对-硝基氯苯、间-硝基氯苯、邻-硝基氯苯。

⑥多氯联苯：指PCB-1016,PCB-1221,PCB-1232,PCB-1242,PCB-1248,PCB-1254,PCB-1260。

5　水质评价

5.1　地表水环境质量评价应根据应实现的水域功能类别，选取相应类别标准，进行单因子评价，评价结果应说明水质达标情况，超标的应说明超标 项目和超标倍数。

5.2　丰、平、枯水期特征明显的水域，应分水期进行水质评价。

5.3　集中式生活饮用水地表水源地水质评价的项目应包括表1中的基本项目、表2中的补充项目以及由县级以上人民政府环境保护行政主管部门从表中选择确定的特定项目。

6　水质监测

6.1　本标准规定的项目标准值，要求水样采集后自然沉降30分钟，取上层非沉降部分按规定方法进行分析。

6.2　地表水水质监测的采样布点、监测频率应符合国家地表水环境监测技术规范的要求。

6.3　本标准水质项目的分析方法应优先选用表4～6规定的方法，也可采用ISO方法体系等其他等效分析方法，但须进行适用性检验。

表 4 地表水环境质量标准基本项目分析方法

序号	基本项目	分析方法	测定下限/(mg·L^{-1})	方法来源
1	水温	温度计法		GB13195—91
2	pH	玻璃电极法		GB6920—86
3	溶解氧	碘量法	0.2	GB7489—89
		电化学探头法		GB11913—89
4	高锰酸盐指数		0.5	GB11892—89
5	化学需氧量	重铬酸盐法	5	CB 11914—89
6	五日生化需氧量	稀释与接种法	2	GB7488—87
7	氨氮	纳氏试剂比色法	0.05	GB7479—87
		水杨酸分光光度法	0.01	GB7481—87
8	总磷	钼酸铵分光光度法	0.01	GB11893—89
9	总氮	碱性过硫酸钾消解紫外分光光度法	0.05	GB11894—89
10	铜	2,9-二甲基-1,10-菲啰啉分光光度法	0.06	GB7473—87
		二乙基二硫代氨基甲酸钠分光光度法	0.010	GB7474—87
		原子吸收分光光度法(整合萃取法)	0.001	GB7475—87
11	锌	原子吸收分光光度法	0.05	GB7475—87
12	氟化物	氟试剂分光光度法	0.05	GB7483—87
		离子选择电极法	0.05	GB7484—87
		离子色谱法	0.02	HJ/T84—2001
13	硒	2,3-二氨基萘荧光法	0.000 25	GB11902—89
		石墨炉原子吸收分光光度法	0.003	GB/T15505—1995
14	砷	二乙基二硫代氨基甲酸银分光光度法	0.007	GB7485—87
		冷原子荧光法	0.000 06	1)
15	汞	冷原子吸收分光光度法	0.000 05	GB7468—87
		冷原子荧光法	0.000 05	1)
16	镉	原子吸收分光光度法(整合萃取法)	0.001	GB7475—87
17	铬(六价)	二苯碳酰二肼分光光度法	0.004	GB7467—87

续表

序号	基本项目	分析方法	测定下限/(mg·L^{-1})	方法来源
18	铅	原子吸收分光光度法螯合萃取法	0.01	GB7475—87
19	总氰化物	异烟酸—吡唑啉酮比色法	0.004	GB7487—87
		吡啶—巴比妥酸比色法	0.002	
20	挥发酚	蒸馏后4-氨基安替比林分光光度法	0.002	GB7490—87
21	石油类	红外分光光度法	0.01	GB/T16488—1996
22	阴离子表面活性剂	亚甲蓝分光光度法	0.05	GB7494—87
23	硫化物	亚甲基蓝分光光度法	0.005	GB/T16489—1996
		直接显色分光光度法	0.004	GB/T17133—1997
24	粪大肠菌群	多管发酵法、滤膜法		1)

注：暂采用下列分析方法，待国家方法标准发布后，执行国家标准。

1)《水和废水监测分析方法(第三版)》，中国环境科学出版社，1989年。

表5　集中式生活饮用水地表水源地补充项目分析方法

序号	项目	分析方法	最低检出限/(mg·L^{-1})	方法来源
1	硫酸盐	重量法	10	GB11899—89
		火焰原子吸收分光光度法	0.4	GB13196—91
		铬酸钡光度法	8	1)
		离子色谱法	0.09	HJ/T84—2001
2	氯化物	硝酸银滴定法	10	GB11896—89
		硝酸汞滴定法	2.5	1)
		离子色谱法	0.02	HJ/T84—2001
3	硝酸盐	酚二磺酸分光光度法	0.02	GB7480—87
		紫外分光光度法	0.08	1)
		离子色谱法	0.08	HJ/T84—2001
4	铁	火焰原子吸收分光光度法	0.03	GB11911—89
		邻菲啰啉分光光度法	0.03	1)
5	锰	火焰原子吸收分光光度法	0.01	GB11911—89
		甲醛肟光度法	0.01	1)
		高碘酸钾分光光度法	0.02	GB11906—89

注：暂采用下列分析方法，待国家方法标准发布后，执行国家标准。

1)《水和废水监测分析方法(第三版)》，中国环境科学出版社，1989年。

表 6　集中式生活饮用水地表水源地特定项目分析方法:气相色谱法

序号	项目	分析方法	最低检出限/(mg·L^{-1})	方法来源
1	三氯甲烷	顶空气相色谱法	0.000 3	GB/T17130—1997
		气相色谱法	0.000 6	2)
2	四氯化碳	顶空气相色谱法	0.000 05	GB/T17130—1997
		气相色谱法	0.000 3	2)
3	三溴甲烷	顶空气相色谱法	0.001	GB/T17130—1997
		气相色谱法	0.006	2)
4	二氯甲烷	顶空气相色谱法	0.008 7	2)
5	1,2-二氯乙烷	顶空气相色谱法	0.012 5	2)
6	环氧氯丙烷	气相色谱法	0.02	2)
7	氯乙烯	气相色谱法	0.001	2)
8	1,1-二氯乙烯	吹出捕集气相色谱法	0.000 018	2)
9	1,2-二氯乙烯	吹出捕集气相色谱法	0.000 012	2)
10	三氯乙烯	顶空气相色谱法	0.000 5	GB/T17130—1997
		气相色谱法	0.003	2)
11	四氯乙烯	顶空气相色谱法	0.000 2	GB/T17130—1997
		气相色谱法	0.001 2	2)
12	氯丁二烯	顶空气相色谱法	0.002	2)
13	六氯丁二烯	气相色谱法	0.000 02	2)
14	苯乙烯	气相色谱法 v	0.01	2)
15	甲醛	乙酰丙酮分光光度法	0.05	GB13197—91
		4-氨基-3-联氨-5-巯基-1,2,4-三氮杂茂(AHMT)分光光度法	0.05	2)
16	乙醛	气相色谱法	0.24	2)
17	丙烯醛	气相色谱法	0.019	2)
18	三氯乙醛	气相色谱法	0.001	2)
19	苯	液上气相色谱法	0.005	GB11890—89
		顶空气相色谱法	0.000 42	2)
20	甲苯	液上气相色谱法	0.005	GB11890—89
		二硫化碳萃取气相色谱法	0.05	
		气相色谱法	0.01	2)

续表

序号	项目	分析方法	最低检出限/(mg·L^{-1})	方法来源
21	乙苯	液上气相色谱法	0.005	GB11890—89
		二硫化碳萃取气相色谱法	0.05	
		气相色谱法	0.01	2)
22	二甲苯	液上气相色谱法	0.005	GB11890—89
		二硫化碳萃取气相色谱法	0.05	
		气相色谱法	0.01	2)
23	异丙苯	顶空气相色谱法	0.003 2	2)
24	氯苯	气相色谱法	0.01	HJ/T74—2001
25	1,2-二氯苯	气相色谱法	0.002	GB/T17131—1997
26	1,4-二氯苯	气相色谱法	0.005	GB/T17131—1997
27	三氯苯	气相色谱法	0.000 04	2)
28	四氯苯	气相色谱法	0.000 02	2)
29	六氯苯	气相色谱法	0.000 02	2)
30	硝基苯	气相色谱法	0.000 2	GBl3194—91
31	二硝基苯	气相色谱法	0.2	2)
32	2,4-二硝基甲苯	气相色谱法	0.000 3	GBl3194—91
33	2,4,6-三硝基甲苯	气相色谱法	0.1	2)
34	硝基氯苯	气相色谱法	0.000 2	GBl3194—91
35	2,4-二硝基氯苯	气相色谱法	0.1	2)
36	2,4-二氯苯酚	电子捕获-毛细色谱法	0.000 4	2)
37	2,4,6-三氯苯酚	电子捕获-毛细色谱法	0.000 04	2)
38	五氯酚	气相色谱法	0.000 04	GB8972—88
		电子捕获-毛细色谱法	0.000 024	2)
39	苯胺	气相色谱法	0.002	2)
40	联苯胺	气相色谱法	0.000 2	3)
41	丙烯酰胺	气相色谱法	0.000 15	2)
42	丙烯腈	气相色谱法	0.10	2)
43	邻苯二甲酸二丁酯	液相色谱法	0.000 1	HJ/T72—2001

续表

序号	项目	分析方法	最低检出限/(mg·L^{-1})	方法来源
44	邻苯二甲酸二(2-乙基己基)酯	气相色谱法	0.000 4	2)
45	水合肼	对二甲氨基苯甲醛直接分光光度法	0.005	2)
46	四乙基铅	双硫腙比色法	0.000 1	2)
47	吡啶	气相色谱法	0.031	GB/T14672—93
		巴比土酸分光光度法	0.05	2)
48	松节油	气相色谱法	0.02	2)
49	苦味酸	气相色谱法	0.001	2)
50	丁基黄原酸	铜试剂亚铜分光光度法	0.002	2)
51	活性氯	N,N-二乙基对苯二胺(DPD)分光光度法	0.01	2)
		3,3′,5,5,-四甲基联苯胺比色法	0.005	2)
52	滴滴涕	气相色谱法	0.000 2	GB7492—87
53	林丹	气相色谱法	4×10^{-6}	GB7492—87
54	环氧七氯	液液萃取气相色谱法	0.000 083	2)
55	对硫磷	气相色谱法	0.000 54	GBl3192—91
56	甲基对硫磷	气相色谱法	0.000 42	GBl3192—91
57	马拉硫磷	气相色谱法	0.000 64	GBl3192—91
58	乐果	气相色谱法	0.000 57	GBl3192—91
59	敌敌畏	气相色谱法	0.000 06	GBl3192—91
60	敌百虫	气相色谱法	0.000 051	GBl3192—91
61	内吸磷	气相色谱法	0.002 5	2)
62	百菌清	气相色谱法	0.000 4	2)
63	甲萘威	高效液相色谱法	0.01	2)
64	溴氰菊酯	气相色谱法	0.000 2	2)
		高效液相色谱法	0.002	2)
65	阿特拉律	气相色谱法		3)

续表

序号	项目	分析方法	最低检出限/($mg\cdot L^{-1}$)	方法来源
66	苯并(a)芘	乙酰化滤纸层析荧光分光光度法	4×10^{-6}	GB11895—89
		高效液相色谱法	1×10^{-6}	GB3198—91
67	甲基汞	气相色谱法	1×10^{-8}	GB/T17132—1997
68	多氯联苯	气相色谱法		3)
69	微囊藻毒素-LR	高效液相色谱法	0.000 01	2)
70	黄磷	钼-锑-抗分光光度法	0.002 5	2)
71	钼	无火焰原子吸收分光光度法	0.002 31	2)
72	钴	无火焰原子吸收分头光度法	0.001 91	2)
73	铍	铬菁R分光光度法	0.000 2	HJ/T58—2000
		石墨炉原子吸收分光光度法	0.000 02	HJ/T59—2000
		桑色素荧光分光光度法	0.000 2	2)
74	硼	姜黄素分光光度法	0.02	HJ/T49—1999
		甲亚胺-H分光光度法	0.2	2)
75	锑	氢化原子吸收分光光度法	0.000 25	2)
76	镍	无火焰原子吸收分光光度法	0.002 48	2)
77	钡	无火焰原子吸收分光光度法	0.006 18	2)
78	钒	钽试剂(BPHA)萃取分光光度法	0.018	GB/T15503—1995
		无火焰原子吸收分光光度法	0.006 98	2)
79	钛	催化示波极谱法	0.000 4	2)
		水杨基荧光酮分光光度法	0.02	2)
80	铊	无火焰原子吸收分光光度法	1×10^{-6}	2)

注：暂采用下列分析方法，待国家方法标准发布后，执行国家标准。

1)《水和废水监测分析方法(第三版)》，中国环境科学出版社，1989年。

2)《生活饮用水卫生规范》，中华人民共和国卫生部，2001年。

3)《水和废水标准检验法(第15版)》，中国建筑工业出版社，1985年。

7 标准的实施与监督

7.1 本标准由县级以上人民政府环境保护行政主管部门及相关部门按职责分工监督实施。

7.2 集中式生活饮用水地表水源地水质超标项目经自来水厂净化处理后,必须达到《生活饮用水卫生规范》的要求。

7.3 省、自治区、直辖市人民政府可以对本标准中未作规定的项目,制定地方补充标准,并报国务院环境保护行政主管部门备案。

附录9 环境空气质量标准GB3095—1996

(代替GB3095—82)

国家环境保护局1996—01—18批准

1996—10—01实施

前 言

根据《中华人民共和国环境保护法》和《中华人民共和国大气污染防治法》,为改善环境空气质量,防止生态破坏,创造清洁适宜的环境,保护人体健康,特制定本标准。

本标准从1996年10月1日起实施,同时代替GB3095—82。

本标准在下列内容和章节有改变:

——标准名称;

——3.1～3.14(增加了14种术语的定义);

——4.1～4.2(调整了分区和分级的有关内容);

——5.(补充和调整了污染物项目、取值时间和浓度限值);

——7.(增加了数据统计的有效性规定)。

本标准由国家环境保护局科技标准司提出。

本标准由国家环境保护局负责解释。

1 主题内容与适用范围

本标准规定了环境空气质量功能区划分、标准分级、污染物项目、取值时间及浓度限值,采样与分析方法及数据统计的有效性规定。

本标准适用于全国范围的环境空气质量评价。

2 引用标准

引用标准如表1所示。

表1　引用标准

标准代号	主题	名称
GB/T15262	空气质量	二氧化硫的测定——甲醛吸收副玫瑰苯胺分光光度法
GB8970	空气质量	二氧化硫的测定——四氯汞盐副玫瑰苯胺分光光度法
GB/T15432	环境空气	总悬浮颗粒物测定——重量法
GB6921	空气质量	大气飘尘浓度测定方法
GB/T15436	环境空气	氮氧化物的测定——Saltzman法
GB/T15435	环境空气	二氧化氮的测定——Saltzman法
GB/T15437	环境空气	臭氧的测定——靛蓝二磺酸钠分光光度法
GB/T15438	环境空气	臭氧的测定——紫外光度法
GB9801	空气质量	一氧化碳的测定——非分散红外法
GB8971	空气质量	苯并[a]芘的测定——乙酰化滤纸层析荧光分光光度法
GB/T15439	环境空气	苯并[a]芘的测定——高效液相色谱法
GB/T15264	空气质量	铅的测定——火焰原子吸收分光光度法
GB/T15434	环境空气	氟化物的测定——滤膜氟离子选择电极法
GB/T15433	环境空气	氟化物的测定——石灰滤纸氟离子选择电极法

3　定义

1. 总悬浮颗粒物(Total Suspended Particicular,TSP)。指能悬浮在空气中,空气动力学当量直径≤100μm的颗粒物。

2. 可吸入颗粒物(Particular matter less than 10 μm,PM_{10})。指悬浮在空气中,空气动力学当量直径≤10μm的颗粒物。

3. 氮氧化物(以NO_2计)。指空气中主要以一氧化氮和二氧化氮形式存在的氮的氧化物。

4. 铅(Pb)。指存在于总悬浮颗粒物中的铅及其化合物。

5. 苯并(a)芘(B[a]P)。指存在于可吸入颗粒物中的苯并[a]芘。

6. 氟化物(以F计)。以气态及颗粒态形式存在的无机氟化物。

7. 年平均。指任何一年的日平均浓度的算术均值。

8. 季平均。指任何一季的日平均浓度的算术均值。

9. 月平均。指任何一月的日平均浓度的算术均值。

10. 日平均。指任何一日的平均浓度。

11. 一小时平均。指任何一小时的平均浓度。

12. 植物生长季平均。指任何一个植物生长季月平均浓度的算术均值。

13. 环境空气。指人群、植物、动物和建筑物所暴露的室外空气。

14. 标准状态。指温度为 273K，压力为 101.325kPa 时的状态。

4　环境空气质量功能区的分类和标准分级

4.1　环境空气质量功能区分类

一类区为自然保护区、风景名胜区和其他需要特殊保护的地区。

二类区为城镇规划中确定的居住区、商业交通居民混合区、文化区、一般工业区和农村地区。

三类区为特定工业区。

4.2　环境空气质量标准分级

环境空气质量标准分为三级：

一类区执行一级标准。

二类区执行二级标准。

三类区执行三级标准。

5　浓度限值

本标准规定了各项污染物不允许超过的浓度限值，如表 2 所示。

表 2　各项污染物的浓度限值

污染物名称	取值时间	浓度限值			浓度单位（标准状态）
		一级标准	二级标准	三级标准	
二氧化硫 SO_2	年平均	0.02	0.06	0.10	mg/m^3
	日平均	0.05	0.15	0.25	
	1 小时平均	0.15	0.50	0.70	
总悬浮颗粒物 TSP	年平均	0.08	0.20	0.30	
	日平均	0.12	0.30	0.50	
可吸入颗粒物 PM_{10}	年平均	0.04	0.10	0.15	
	日平均	0.05	0.15	0.25	
氮氧化物 NOx	年平均	0.05	0.05	0.10	
	日平均	0.10	0.10	0.15	
	1 小时平均	0.15	0.15	0.30	
二氧化氮 NO_2	年平均	0.04	0.04	0.08	
	日平均	0.08	0.08	0.12	
	1 小时平均	0.12	0.12	0.24	
一氧化碳 CO	日平均	4.00	4.00	6.00	
	1 小时平均	10.00	10.00	20.00	
臭氧 O_3	小时平均	0.12	0.16	0.20	
铅 Pb	季平均		1.50		$\mu g/m^3$
	年平均		1.00		
苯并[a]芘 B[a]P	日平均		0.01		

续表

污染物名称	取值时间	浓度限值			浓度单位
		一级标准	二级标准	三级标准	
氟化物 F	日平均		7①		
	1 小时平均		20①		
	月平均	1.8②	3.0③		$\mu g/(dm^2 \cdot d)$
	植物生长季平均	1.2②	2.0③		

注：①适用于城市地区；

②适用于牧业区和以牧业为主的半农、半牧区，蚕桑区；

③适用于农业和林业区。

6　监测

6.1　采样

环境空气监测中的采样点、采样环境、采样高度及采样频率的要求，按《环境监测技术规范》(大气部分)执行。

6.2　分析方法

各项污染物分析方法，如表 3 所示。

表 3　各项污染物分析方法

污染物名称	分析方法	来源
二氧化硫	(1)甲醛吸收副玫瑰苯胺分光光度法； (2)四氯汞盐副玫瑰苯胺分光光度法； (3)紫外荧光法①	GB/T15262—94 GB8970—88
总悬浮颗粒物	重量法	GB/T15432—95
可吸入颗粒物	重量法	GB6921—86
氮氧化物 (以 NO_2 计)	(1)Saltzman 法； (2)化学发光法②	GB/T15436—95
二氧化氮	(1)Saltzman 法； (2)化学发光法②	GB/T15435—95
臭 氧	(1)靛蓝二磺酸钠分光光度法； (2)紫外光度法； (3)化学发光法③	GB/T15437—95 GB/T15438—95
一氧化碳	非分散红外法	GB9801—88
苯并[a]芘	(1)乙酰化滤纸层析——荧光分光光度法； (2)高效液相色谱法	GB9871—88 GB/T15439—95
铅	火焰原子吸收分光光度法	GB/T15264—94
氟化物 (以 F 计)	(1)滤膜氟离子选择电极法④； (2)石灰滤纸氟离子选择电极法⑤	GB/T15434—95 GB/T15433—95

注：①②③分别暂用国际标准 ISO/CD10498、ISO7996，ISO10313，待国家标准发布后，执行国家标准；④用于日平均和 1 小时平均标准；⑤用于月平均和植物生长季平均标准。

7　数据统计的有效性规定

各项污染物数据统计的有效性规定，如表4所示。

表4　各项污染物数据统计的有效性规定

SO_2，NOx，NO_2	年平均	每年至少有分布均匀的144个日均值 每月至少有分布均匀的12个日均值
TSP，PM_{10}，pb	年平均	每年至少有分布均匀的60个日均值 每月至少有分布均匀的5个日均值
SO_2，NOx，NO_2，CO	日平均	每日至少有18小时的采样时间
TSP，PM_{10}，B(a)P，pb	日平均	每日至少有12小时的采样时间
SO_2，NOx，NO_2，CO，O_3	1小时平均	每小时至少有45分钟的采样时间
pb	季平均	每季至少有分布均匀的15个日均值 每月至少有分布均匀的5个日均值
F	月平均	每月至少采样15日以上
	植物生长季平均	每一个生长季至少有70%个月平均值
	日平均	每日至少有12小时的采样时间
	1小时平均	每小时至少有45分种的采样时间

8　标准的实施

8.1　本标准由各级环境保护行政主管部门负责监督实施。

8.2　本标准规定了小时、日、月、季和年平均浓度的限值，在标准实施中各级环境保护行政主管部门应根据不同目的监督其实施。

8.3　环境空气质量功能区由地级市以（含地级市）环境保护行政主管部门划分，取同级人民政府批准实施。

附录10　城市区域噪声标准（GB3096—93）

（代替GB3096—82，GB11339—89）

本标准为贯彻《中华人民共和国环境保护法》及《中华人民共和国环境噪声污染防治条例》，保障城市居民的生活声环境质量而制定。

1　主题内容与适用范围

本标准规定了城市五类区域的环境噪声最高限值。

本标准适用于城市区域。乡村生活区域可参照本标准执行。

2　引用标准

GB/T14623 城市区域环境噪声测量方法

3　标准值

城市 5 类环境噪声标准值如表 1 所示。

表 1　等效声级 L_{Aeq}　　单位:dB

类别	昼间	夜间
0	50	40
1	55	45
2	60	50
3	65	55
4	70	55

4　各类标准的适用区域

4.1　0 类标准适用于疗养区、高级别墅区、高级宾馆区等特别需要安静的区域,位于城郊和乡村的这一类区域分别按严于 0 类标准 5 分贝执行。

4.2　1 类标准适用于以居住、文教机关为主的区域。乡村居住环境可参照执行该类标准。

4.3　2 类标准适用于居住、商业、工业混杂区。

4.4　3 类标准适用于工业区。

4.5　4 类标准适用于城市中的道路交通干线道路两侧区域,穿越城区的内河航道两侧区域。穿越城区的铁路主、次干线两侧区域的背景噪声(指不通过列车时的噪声水平)限值也执行该类标准。

5　夜间突发噪声

夜间突发的噪声,其最大值不准超过标准值 15 分贝。

6　区域及时间的划定

6.1　各类标准适用区域由当地人民政府划定。

6.2　本标准昼间、夜间的时间由当地人民政府按当地习惯和季节变化划定。

7　监测方法

按 GB/T14623 执行。

附录 11 国家危险废物名录

(1998 年 7 月 1 日实施)

国家危险废物名录说明

一、为防止危险废物对环境的污染,加强对危险废物的管理,保护环境和保障人民身体健康,根据《中华人民共和国固体废物污染环境防治法》,制定《国家危险废物名录》。

二、国家制定《危险废物鉴别标准》。凡《名录》中所列废物类别高于鉴别标准的属危险废物,列入国家危险废物管理范围;低于鉴别标准的,不列入国家危险废物管理。

三、对需要制定危险废物鉴别标准废物类别,在其鉴别标准颁布以前,仅作为危险废物登记使用。

四、危险废物的管理按照《中华人民共和国固体废物污染环境防治法》中有关危险废物的管理条款执行。

五、本次公布的《国家危险废物名录》为第一批执行《名录》。随着经济和科学技术的发展,《国家危险废物名录》将不定期修订。

六、本《名录》由国家环境保护总局负责解释。

编号	废物类别	废物来源	常见危害组分或废物名称
HW01	医院临床废物	从医院、医疗中心和诊所的医疗服务中产生的临床废物,包括: ——手术、包扎残余物; ——生物培养、动物试验残余物; ——化验检查残余物; ——传染性废物; ——废水处理污泥	手术残物,敷料、化验废物,传染性废物,动物试验废物
HW02	医药废物	从医用药品的生产制作过程中产生的废物,包括: ——兽药产品(不含中药类废物); ——蒸馏及反应残余物; ——高浓度母液及反应基或培养基废物; ——脱色过滤(包括载体)物; ——用过废弃的吸附剂、催化剂、溶剂; ——生产中产生的报废药品及过期原料	废抗菌药、甾类药、抗组织胺类药、镇痛药、心血管药、神经系统药、杂药,基因类废物
HW03	废药物、药品	过期、报废的无标签的及多种混杂的药物、药品(不包括 HW01,HW02 类中的废药品),包括: ——生产中产生的报废药品(包括药品废原料和中间体反应物); ——使用单位(科研、监测、学校、医疗、单位、化验室等)积压或报废的药品(物); ——经营部门过期的报废药品(物)	废化学试剂,废药品,废药物

续表

编号	废物类别	废物来源	常见危害组分或废物名称
HW04	农药废物	来自杀虫、灭菌、除草、灭鼠和植物生长调节剂的生产、经销、配制和使用过程中产生的废物； ——蒸馏及反应残余物； ——生产过程母液及(反应罐及容器)清洗液； ——吸附过滤物(包括载体，吸附剂，催化剂)； ——废水处理污泥； ——生产、配制过程中的过期原料； ——生产、销售、使用过程中的过期和淘汰产品； ——沾有农药及除草刑的包装物及容器	有机磷杀虫剂、有机氯杀虫剂、有机氮杀虫剂、氨基甲酸酯类杀虫剂、拟除虫菊酯类杀虫剂、杀螨剂、有机磷杀菌剂、有机氯杀菌剂、有机硫杀菌剂、有机锡杀菌剂、有机氮杀菌剂、醌类杀菌剂、无机杀菌剂、有机胂杀菌剂、氨基甲酸酯类除草剂、酸类除草剂、酚类除草剂、酰胺类除草剂、取代脲类除草剂、苯氧羧酸类除草剂、均三氮苯类除草剂、无机除草剂
HW05	木材防腐剂废物	从木材防腐化学品的生产、配制和使用中产生的废物(不包括与HW04类重复的废物)，包括： ——生产单位生产中产生的废水处理污泥、工艺反应残余物、吸附过滤物及载体； ——使用单位积压、报废或配制过剩的木材防腐化学品； ——销售经营部门报废的木材防腐化学品	含五氯酚，苯酚，2-氯酚，甲酚，对氯间甲酚，三氯酚，屈萘，四氯酚，杂酚油，萤藏，苯并a苗，2,4-二甲酚，2,4-二硝基酚，苯并(b)萤赢，苯并(a)蒽，二苯并(a)蒽的废物
HW06	有机溶剂废物	从有机溶剂生产、配制和使用过程中产生的废物(不包括HW42类的废有机溶剂)，包括： ——有机溶剂的合成、裂解、分离、脱色、催化、沉淀、精馏等过程中产生的反应残余物，吸附过滤物及载体； ——配制和使用过程中产生的含有机溶剂的清洗杂物	废催化剂，清洗剥离物，反应残渣及滤渣，吸附物与载体废物
HW07	热处理含氰废物	从含有氰化物热处理和退火作业中产生的废物。它来自于 ——金属含氰热处理； ——含氰热处理回火池冷却； ——含氰热处理炉维修； ——热处理渗碳炉	含氰热处理钡渣，含氰污泥及冷却液，含氰热处理沪内衬，热处理渗碳氰渣

续表

编号	废物类别	废物来源	常见危害组分或废物名称
HW08	废矿物油	不适合原来用途的废矿物油。它主要指 ——来自于石油开采和炼制产生的油泥和油脚； ——矿物油类仓储过程中产生的沉积物； ——机械、动力、运输等设备的更换油及清洗油(泥)； ——金属轧制、机械加工过程中产生的废油(渣)； ——含油废水处理过程中产生的废油及油泥； ——油加工和油再生过程中产生的油渣及过滤介质	废机油、原油、液压油、真空泵油、柴油、汽油、重油、煤油、热处理油、樟脑油、润滑油(脂)、冷却油
HW09	废乳化液	从机械加工、设备清洗等过程中产生的废乳化液、废油水混合物,它包括： ——生产、配制、使用过程中产生的过剩乳化液(膏)； ——机械加工、金属切削和冷拔过程产生的废乳化剂； ——清洗油罐、油件过程中产生的油水、烃水混合物； ——来自于(乳化掖)水压机定期更换的乳化废液	废皂液、乳化油/水、烃/水混合物、乳化液(膏)、切削剂、冷却剂、润滑剂、拔丝剂
HW10	含多氯联苯废物	含有或沾染多氯联苯(PCBs),多氯三联苯(PCTs)、多溴联苯(PBBs)的废物质和废物品,包括： ——过剩的、废弃的、封存的、待替换的含有 PCBs、PBBs 和 PCTs 的电力设备(电容器、变压器)； ——从含有 PCBs、PBBs 或 PCTs 的电力设备中倾倒出的介质油、绝缘油、冷却油及传热油； ——来自含有 PCBs,PBBs 和 PCTs 或被这些物质污染的电力设备的拆装过程中的清洗液； ——被 PCBs,PBBs 和 PCTs 污染的土壤及包装物	含多氯联苯(PCBs),多溴联苯(PBBs)、多氯三联苯(PCTs)废物

续表

编号	废物类别	废物来源	常见危害组分或废物名称
HW11	精(蒸)馏残渣	从精炼、蒸馏和任何热解处理中产生的废焦油状残留物,包括: ——煤气生产过程中产生的焦油渣; ——原油蒸馏过程中产生的焦油残余物; ——原油精制过程中产生的沥青状焦油及酸焦油; ——化学品生产过程中产生的蒸馏残渣和蒸馏釜底物; ——化学品原料生产的热解过程中产生的焦油状残余物; ——被工业生产过程中产生的焦油或蒸馏残余物所污染的土壤; ——盛装过焦油状残余物的包装和容器	沥青渣,焦油渣,废酸焦油,酚渣,蒸馏釜残物,精馏釜残物,甲苯渣,液化石油气残液(含苯并(a)芘、屈萘、萤蒽、多环芳烃类废物)
HW12	染料、涂料废物	从油墨、染料、颜料、油漆、真漆、罩光漆的生产配制和使用过程中产生的废物,包括: ——生产过程中产生的废弃的颜料、染料、涂料和不合格产品; ——染料、颜料生产硝化、氧化、还原、磺化、重氮化、卤化等化学反应中产生的废母液、残渣、中间体废物; ——油漆、油墨生产、配制和使用过程中产生的含颜料、油墨的有机溶剂废物; ——使用酸、碱或有机溶剂清洗容器设备产生的污泥状剥离物; ——含有染料、颜料、油墨、油漆残余物的废弃包装物; ——废水处理污泥	废酸性染料、碱性染料、媒染染料、偶氮染料、直接染料、冰染染料、还原染料、硫化染料、活性染料、醇酸树脂涂料、丙烯酸树脂涂料、聚氨酯树脂涂料、聚乙烯树脂涂料、环氧树脂涂料、双组份涂料、油墨、重金属颜料
HW13	有机树脂类废物	从树脂、胶乳、增塑剂、胶水/胶合剂的生产、配制和使用过程中产生的废物,包括: ——生产、配制、使用过程中产生不合格产品、废副产物; ——在合成、酯化、缩合等反应中产生的废催化剂、高浓度废液; ——精馏、分离、精制过程中产生的釜残液、过滤介质和残渣; ——使用溶剂或酸、碱清洗容器设备剥离下的树脂状、黏稠杂物; ——废水处理污泥	含邻苯二甲酸酯类,脂肪酸二元酸酯类,磷酸酯类,环氧化合物类,偏苯三甲酸酯类,聚酯类,氯化石蜡,二元醇和多元醇酯类,磺酸衍生物的废物

续 表

编号	废物类别	废物来源	常见危害组分或废物名称
HW14	新化学品废物	从研究和开发或教学活动中产生的尚未鉴定的和(或)新的并对人类和(或)环境的影响未明的化学废物	新化学品研制中产生的废物
HW15	爆炸性废物	在生产、销售、使用爆炸物品过程中产生的次品、废品及具有爆炸性质的废物,包括: ——不稳定,在无爆震时容易发生剧烈变化的废物; ——能和水形成爆炸性混合物; ——经过发热、吸湿、自发的化学变化具有着火倾向的废物; ——在有引发源或加热时能爆震或爆炸的废物	含叠氮乙酰,硝酸乙酰酯,叠氮铵,氯酸铵,六硝基高钴酸铵,硝酸铵,氮化铵,过碘酸铵,高锰酸铵,苦味酸铵,四过氧铬酸铵,叠氮羰基胍,叠氮钡,氯化重氮苯,苯并三唑,亚硝基胍,硝化甘油,四硝基戊四醇,三硝基氮苯,聚乙烯硝酸酯,硝酸钾,叠氮化银,氮化银,三硝基苯间二酚银,四氮烯银,无烟火药,叠氮化钠,苦味酸钠,四硝基甲烷、四氮化四硒,四氮化四硫,四氮烯,氮化铊,二氮化三铅,二氮化三汞,三硝基苯,氯酸钾,雷汞,雷银,三硝基甲苯,三硝基间苯二酚的废物
HW16	感光材料废物	从摄影化学品、感光材料的生产、配制、使用中产生的废物,包括: ——生产过程中产生的不合格产品和过期产品; ——生产过程中产生的残渣及废水污泥; ——出版社、报社、印刷厂、电影厂在使用和经营活动中产生的废显(定)影液、胶片及废像纸; ——社会照像部、冲洗部在使用和经营活动中产生的废显(定)影液、胶片及废像纸; ——医疗院所的X光和CT检查中产生的废显(定)影液及胶片	废显影液、定影液、正负胶片、像纸、感光原料及药品
HW17	表面处理废物	从金属和塑料表面处理过程中产生的废物,包括: ——电镀行业的电镀槽渣、槽液及水处理污泥; ——金属和塑料表面酸(碱)洗、除油、除锈、洗涤工艺产生的腐蚀液、洗涤液和污泥; ——金属和塑料表面磷化、出光、化抛过程中产生的残渣(液)及污泥; ——镀层剥除过程中产生的废液及残渣	废电镀溶液,镀槽淤渣,电镀水处理污泥,表面处理酸碱渣,氧化槽渣,磷化渣,亚硝酸盐废渣

续表

编号	废物类别	废物来源	常见危害组分或废物名称
HW18	焚烧处置残渣	从工业废物处置作业中产生的残余物	焚烧处置残渣及灰尘
HW19	含金属羰基化合物废物	在金属羰基化合物制造以有使用过程中产生的含有羰基化合物成分的废物，包括： ——精细化工产品生产； ——金属有机化合物的合成	金属羰基化合物(五羰基铁，八羰基二钴，羰基镍，三羰基钴，氢氧化四羰基钴)废物
HW20	含铍废物	含铍及其化合物的废物，包括： ——稀有金属冶炼； ——铍化合物生产	含铍，硼氢化铍，溴化铍，氢氧化铍，碘化铍，碳酸铍，硝酸铍，氧化铍，硫酸铍，氟化铍，氯化铵，硫化铍的废物
HW21	含铬废物	含有六价铬化合物的废物，包括： ——化工(铬化合物)生产； ——皮革加工(鞣革)业； ——金属、塑料电镀； ——酸性媒介染料染色； ——颜料生产与使用； ——金属铬冶炼(修合金)	含铬酸酐，(重)铬酸钾，(重)铬酸钠，铬酸，重铬酸，三氧化铬，铬酸锌，铬酸钾，铬酸钙，铬酸银，铬酸铅，铬酸钡的废物
HW22	含铜废物	含有铜化合物的废物，包括： ——有色金属采选和冶炼； ——金属、塑料电镀； ——铜化合物生产	含溴化(亚)铜，氢氧化铜，硫酸(亚)铜，碘化(亚)铜，碳酸铜，硝酸铜，硫化铜，氟化铜，硫化(亚)铜，氯化(亚)铜，醋酸铜，氧化铜钾，磷酸铜，二水合氯化铜铵的废物
HW23	含锌废物	含有锌化合物的废物，包括： ——有色金属采选及冶炼； ——金属、塑料电镀； ——颜料、油漆、橡胶加工； ——锌化合物生产； ——含锌电池制造业	含溴化锌，碘化锌，硝酸锌，硫酸锌，氟化锌，硫化锌，过氧化锌，高锰酸锌，醋酸锌，草酸锌，铬酸锌，溴酸锌，磷酸锌，焦磷酸锌，磷化锌的废物
HW24	含砷废物	含砷及砷化合物的废物，包括： ——有色金属采选及冶炼； ——砷及其化合物的生产； ——石油化工； ——农药生产； ——染料和制革业	含砷，三氧化二砷，亚砷酐，五氧化二砷，五硫化二砷，硫化亚砷，砷化锌，乙酰基砷铜，砷化钙，砷化铁，砷化铜，砷化铅，砷化银，乙基二氯化砷，(亚)砷酸，三氟化砷，砷酸锌，砷酸铵，砷酸钙，砷酸铁，砷酸钠，砷酸汞，砷酸铅，砷酸镁，三氯化砷，二硫化砷，砷酸钾，砷化(三)氢的废物

续 表

编号	废物类别	废物来源	常见危害组分或废物名称
HW25	含硒废物	含硒及硒化合物废物,包括: ——有色金属冶炼及电解; ——硒化合物生产; ——颜料、橡胶、玻璃生产	含硒,二氧化硒,三氧化硒,四氟化硒,六氟化硒,二氯化二硒,四氯化硒,亚硒酸,硒化氢,硒化钠,(亚)硒酸钠,二硫化硒,硒化亚铁,亚硒酸钡,硒酸,二甲基硒的废物
HW26	含镉废物	含镉及其化合物废物,包括: ——有色金属采选及冶炼; ——镉化合物生产; ——电池制造业; ——电镀行业	含镉,溴化镉,碘化镉,氢氧化镉,碳酸镉,硝酸镉,硫酸镉,硫化镉,氯化镉,氟化镉,醋酸镉,氧化镉,二甲基镉的废物
HW27	含锑废物	含锑及其化合物废物,包括: ——有色金属冶炼; ——锑化合物生产和使用	含锑,二氧化二锑,亚锑酐,五氧化二锑,硫化亚锑,硫化锑,氟化亚锑,氟化锑,氯化(亚)锑,三氢化锑,锑酸钠,锑酸铅,乳酸锑,亚锑酸纳的废物
HW28	含碲废物	含碲及其化合物废物,包括: ——有色金属冶炼及电解; ——硫化合物生产和使用	含碲,四溴化碲,四碘化碲,三氧化蹄,六氟化碲,四氯化碲,亚碲酸,碲化氢,碲酸,二乙基碲,二甲基碲的废物
HW29	含汞废物	含汞及其化合物废物,包括: ——化学工业含汞催化剂制造与使用; ——含汞电池制造业; ——汞冶炼及汞回收工业; ——有机汞和无机汞化合物生产; ——农药及制药业; ——荧光屏及汞灯制造及使用; ——含汞玻璃计器制造及使用; ——汞法烧碱生产产生的含汞盐泥	含汞,溴化(亚)汞,碘化(亚)汞,硝酸(亚)汞,氧化汞,硫酸(亚)汞,氯化(亚)汞,硫化汞,氯化乙基汞,氯化汞铵,氯化甲基汞,醋酸(亚)汞,二甲基汞,二乙基汞,氯化高汞的废物
HW30	含铊废物	含铊及其化合物废物,包括: ——有色金属冶炼及农药生产; ——铊化合物生产及使用	含铊,溴化亚铊,氢氧化(亚)铊,碘化亚铊,硝酸亚铊,碳酸亚铊,硫酸亚铊,氧化亚铊,硫化亚铊,三氧化二铊,三硫化二铊,氟化亚铊,氯化(亚)铊,铬酸铊,氯酸铊,醋酸铊的废物

续表

编号	废物类别	废物来源	常见危害组分或废物名称
HW31	含铅废物	含铅及其化合物废物，包括： ——铅冶炼及电解过程中的残渣及铅尘； ——铅(酸)蓄电池生产中产生的废铅渣及铅酸(污泥)； ——报废的铅蓄电池； ——铅铸造业及制品业的废铅渣及水处理污泥； ——铅化合物制造和使用过程中产生的废物	含铅，乙酸铅，溴化铅，氢氧化铅，碘化铅，碳酸铅，硝酸铅，氧化铅，硫酸铅，铬酸铅，氯化铅，氟化铅，硫化铅，高氯酸铅，碱性硅酸铅，四烷基铅，四氧化铅，二氧化铅的废物
HW32	无机氟化物废物	含无机氟化物的废物(不包括氟化钙、氟化镁)	含氟化铊，氟硼酸，氟硅酸锌，氢氟酸，氟硅酸，六氟化硫，氟化钠，五氟化硫，二氟磷，氟硫酸，氟硼酸铵，氟硅酸铵，氟化铵，氟化钾，氟化铬，五氟化碘，氟氢化钾，氟氢化钠，氟硅酸钠的废物
HW33	无机氰化物废物	从无机氰化物生产、使用过程中产生的含无机氰化物的废物(不包括 HW07 类热处理含氰废物)，包括： ——金属制品业的电解除油、表面硬化化学工艺中产生的含氰废物； ——电镀业和电子零件制造业中电镀工艺、镀层剥除工艺中产生的含氰废物； ——金矿开采与筛选过程中产生的含氰废物； ——首饰加工的化学抛光工艺产生的含氰废物； ——其他生产、实验、化验分析过程中产生的含氰废物及包装物	含氢氰酸，氰化蚀，氰化钾，氰化锂，氰化汞，氰化铅，氰化铜，氰化锌，氰化钡，氰化钙，氰化亚铜，氰化银，氰溶体，汞氰化钾，氰化镍，铜氰化钠，铜氰化钾，镍氰化钾，溴化氰，氰化钴的废物
HW34	废酸	从工业生产、配制、使用过程中产生的废酸液、固态酸及酸渣(pH＜2 的液态酸)，包括： ——工业化学品制造； ——化学分析及测试； ——金属及其他制品的酸蚀、出光、除锈(油)及清洗； ——废水处理； ——纺织印染前处理	废硫酸、硝酸、盐酸、磷酸、(次)氯酸、溴酸、氢氟酸、氢溴酸、硼酸、砷酸、硒酸、氰酸、氯磺酸、碘酸、王水

续表

编号	废物类别	废物来源	常见危害组分或废物名称
HW35	废碱	从工业生产、配制使用过程中产生的废碱液、固态碱及碱渣(pU>12.5 的液态碱),包括: ——工业化学品制造; ——化学分析及测试; ——金属及其他制品的碱蚀、出光、除锈(油)及清洗; ——废水处理; ——纺织印染前处理; ——造纸废液	废氢氧化钠、氢氧化钾、氢氧化钙、氢氧化锂、碳酸(氢)钠、碳酸(氢)钾、硼砂、(次)氯酸钠、(次)氯酸钾、(次)氯酸钙、磷酸钠石棉尘,石棉
HW36	石棉废物	从生产和使用过程中产生的石棉废物,包括: ——石棉矿开采及其石棉产品加工; ——石棉建材生产; ——含石棉设施的保养(石棉隔膜,热绝缘体等); ——车辆制动器衬片的生产与更换	废纤维,废石棉绒,石棉隔热废料,石棉尾矿渣
HW37	有机磷化合物废物	从农药以外其他有机磷化合物生产、配制和使用过程中产生的含有机磷废物,包括: ——生产过程中产生的反应残余物; ——生产过程中过滤物、催化剂(包括载体)及废弃的吸附剂; ——废水处理污泥; ——配制,使用过程中的过剩物、残渣及其包装物	含氯硫磷,硫磷嗪,磷酰胺,丙基磷酸四乙酯,四磷酸六乙酯,硝基硫磷酯,苯腈磷,磷酰酯类化合物,苯硫磷,异丙膦,三氯氧磷,磷酸三丁酯的废物
HW38	有机氰化物废物	从生产、配制和使用过程中产生的含有机氰化物的废物,包括 ——在合成、缩合等反应中产生的高浓度废液及反应残余物; ——在催化、精馏、过滤过程中产生的废催化剂、釜残及过滤介质物; ——生产、配制过程中产生的不合格产品; ——废水处理污泥	含乙腈,丙烯腈,己二腈,氨丙腈,氯丙烯腈,氰基乙酸,氰基氯戊烷,乙醇腈,丙腈,四甲基琥珀腈,溴苯甲腈,苯腈,乳酸腈,丙酮腈,丁基腈,苯基异丙酸酯,氰酸酯类的废物

续表

编号	废物类别	废物来源	常见危害组分或废物名称
HW39	含酚废物	酚、酚化合物的废物(包括氯酚类和硝基酚类),包括: ——生产过程中产生的高浓度废液及反应残余物; ——生产过程中产生的吸附过滤物,废催化剂,精馏釜残液(包括石油、化工、煤气生产中产生的含酚类化合物废物)	含氨基苯酚,溴酚,氯甲苯酚,煤焦油,二氟酚,二硝基苯酚,对苯二酚,三羟基苯,五氯酚(钠),硝基苯酚,三氯酚,氯酚,甲酚,硝基苯甲酚,苦味酸,二硝基苯酚钠,苯酚胺的废物
HW40	含醚废物	从生产、配制和使用过程中产生的含醚废物,包括: ——生产、配制过程中产生的醚类残液、反应残余物、水处理污泥及过滤渣; ——配制、使用过程中产生的含醚类有机混合溶剂	含苯甲醚,乙二醇单丁醚,甲乙醚,丙烯醚,二氯乙醚,苯乙基醚,二苯醚,二氧基乙醇乙醚,乙二醇甲基醚,乙二醇醚,异丙醚,二氯二甲醚,甲基氯甲醚,丙醚,四氯丙醚,三硝基苯甲醚,乙二醇二乙醚,亚乙基二醇丁基醚,二甲醚,丙烯基苯基醚,甲基丙基醚,乙二醇异丙基醚,乙二醇苯醚,乙二醇戊基醚,氯甲基乙醚,丁醚,乙醚,二甘醇二乙基醚,乙二醇二甲基醚,乙二醇单乙醚的废物
HW41	废卤化有机溶剂	从卤化有机溶剂生产、配制、使用过程中产生的废溶剂,包括: ——生产、配制过程中产生的高浓度残液、吸附过浊物、反应残渣、水处理污泥及废载体; ——生产、配制过程中产生的报废产品; ——生产、配制、使用过程中产生的废物卤化有机溶剂。包括化学分析,塑料橡胶制品制造,电子零件清洗、化工产品制造、印染涂料调配、商业干洗、家庭装饰使用的废溶剂	含二氯甲烷,氯仿,四氯化碳,二氯乙烷,二氯乙烯,氯苯,二氯二氟甲烷,溴仿,二氯丁烷,三氯苯,二氯丙烷,二溴乙烷,四氯乙烷,三氯乙烷,三氯乙烯,三氯三氟乙烷,四氯乙烯,五氯乙烷,溴乙烷,溴苯,三氯氟甲烷的废物
HW42	废有机溶剂	从有机溶剂的生产、配制和使用中产生的其他废有机溶剂(不包括 HW41 类的卤化有机溶剂),包括: ——生产、配制和使用过程中产生的废溶剂和残余物。包括化学分析,塑料橡胶制品制造、电子零件清洗、化工产品制造、印染染料调配,商业干洗和家庭装饰使用过的废溶剂	含糠醛,环已烷,石脑油,苯,甲苯,二甲苯,四氢呋喃,乙酸丁酯,乙酸甲酯。硝基苯,甲基异丁基酮,环已酮,二乙基酮,乙酸异丁酯,丙烯醛二聚物,异丁醇,乙二醇,甲醇,苯乙酮,异戊烷,环戊酮,环戊醇,丙醛,二丙基酮,苯甲酸乙酯,丁酸,丁酸丁酯,丁酸乙酯,丁酸甲酯,异丙醇,N,N-二甲基乙酰胺,甲醛,二乙基酮,丙烯醛,乙醛,乙酸乙酯,丙酮,甲基乙基酮,甲基乙烯酮,甲基丁酮,甲基丁醇,苯甲醇的废物

续 表

编号	废物类别	废物来源	常见危害组分或废物名称
HW43	含多氯苯并呋喃类废物	含任何多氯苯同系物的并呋喃类废物	多氯苯并呋喃同系物废物
HW44	含多氯苯并二恶英废物	含任何多氯苯并二恶英同系物的废物	多氯苯并二恶英同系物废物
HW45	含有机卤化物废物	从其他有机卤化物的生产、配制、使用过程中产生的废物(不包括上述HW39,HW41,HW42,HW43,HW44类别的废物),包括: ——生产、配制过程中产生的高浓度残液、吸附过滤物、反应残渣、水处理污泥及废催化剂、废产品; ——生产、配制过程中产生的报废产品; ——化学分析、塑料橡胶制品制造、电子零件清洗,化工产品制造、印染染料调配,商业、家庭使用产生的卤化有机废物	含苄基氮,苯甲酰氯,三氮乙醛,1-氯辛烷,氯代二硝基苯,氯乙酸,氯硝基苯,2-氯丙酸,3-氯丙烯酸,氯甲苯胺,乙酰溴,乙酰氯,二溴甲烷,苄基溴,1-溴-2-氯乙烷,二氯乙酰甲酯,氟乙酰胺,二氯萘醌,二氯醋酸,二溴氯丙烷,溴萘酚,碘代甲烷,2,4,5-三氯苯酚,三氯酚,1,4-二氯丁烷,2,4,6-三溴苯酚,二氯丁胺,1-氨基-4溴蒽醌-2-磺酸的废物
HW46	含镍废物	含镍化合物的废物,包括: ——镍化合物生产过程中产生的反应残余物及废品; ——使用报废的镍催化剂; ——电镀工艺中产生的镍残渣及槽液; ——分析、化验、测试过程中产生的含镍废物	含溴化镍,硝酸镍,硫酸镍,氯化镍,一硫化镍,一氧化镍,氧化镍,氢氧化镍,氢氧化高镍的废物
HW47	含钡废物	含钡化合物的废物(不包括硫酸钡),包括: ——钡化合物生产过程中产生的反应残余物及其废品; ——热处理工艺中的盐浴渣; ——分析、化验、测试中产生的含钡废物	含溴酸钡,氢氧化钡,硝酸钡,碳酸钡,氯化钡,氟化钡,硫化钡,氧化钡,氟硅酸钡,氯酸钡,醋酸钡,过氧化钡,碘酸钡,叠氮钡,多硫化钡的废物

附录12 危险废物转移联单管理办法

(本办法自1999年10月1日起施行)

第一条 为加强对危险废物转移的有效监督,实施危险废物转移联单制度,根据《中华人民共和国固体废物污染环境防治法》有关规定,制定本办法。

第二条　本办法适用于在中华人民共和国境内从事危险废物转移活动的单位。

第三条　国务院环境保护行政主管部门对全国危险废物转移联单(以下简称联单)实施统一监督管理。

各省、自治区人民政府环境保护行政主管部门对本行政区域内的联单实施监督管理。

省辖市级人民政府环境保护行政主管部门对本行政区域内联单具体实施监督管理;在直辖市行政区域和设有地区行政公署的行政区域,由直辖市人民政府和地区行政公署环境保护行政主管部门具体实施监督管理。

前款规定的省辖市级人民政府、直辖市人民政府和地区行政公署环境保护行政主管部门,本办法以下统一简称为"环境保护行政主管部门"。

第四条　危险废物产生单位在转移危险废物前,须按照国家有关规定报批危险废物转移计划;经批准后,产生单位应当向移出地环境保护行政主管部门申请领取联单。

产生单位应当在危险废物转移前三日内报告移出地环境保护行政主管部门,并同时将预期到达时间报告接受地环境保护行政主管部门。

第五条　危险废物产生单位每转移一车、船(次)同类危险废物,应当填写一份联单。每车、船(次)有多类危险废物的,应当按每一类危险废物填写一份联单。

第六条　危险废物产生单位应当如实填写联单中产生单位栏目,并加盖公章,经交付危险废物运输单位核实验收签字后,将联单第一联副联自留存档,将联单第二联交移出地环境保护行政主管部门,联单第一联正联及其余各联交付运输单位随危险废物转移运行。

第七条　危险废物运输单位应当如实填写联单的运输单位栏目,按照国家有关危险物品运输的规定,将危险废物安全运抵联单载明的接受地点,并将联单第一联、第二联副联、第三联、第四联、第五联随转移的危险废物交付危险废物接受单位。

第八条　危险废物接受单位应当按照联单填写的内容对危险废物核实验收,如实填写联单中接受单位栏目并加盖公章。

接受单位应当将联单第一联,第二联副联自接受危险废物之日起十日内交付产生单位,联单第一联由产生单位自留存档,联单第二联副联由产生单位在二日内报送移出地环境保护行政主管部门;接受单位将联单第三联交付运输单位存档;将联单第四联自留存档;将联单第五联自接受危险废物之日起二日内报送接受地环境保护行政主管部门。

第九条　危险废物接受单位验收发现危险废物的名称、数量、特性、形态、包装方式与联单填写内容不符的,应当及时向接受地环境保护行政主管部门报告,并通知产生单位。

第十条　联单保存期限为五年;储存危险废物的,其联单保存期限与危险废物储存期限相同。

环境保护行政主管部门认为有必要延长联单保存期限的,产生单位、运输单位和接受单位应当按照要求延期保存联单。

第十一条　省辖市级以上人民政府环境保护行政主管部门有权检查联单运行的情况,也可以委托县级人民政府环境保护行政主管部门检查联单运行的情况。

被检查单位应当接受检查,如实汇报情况。

第十二条　转移危险废物采用联运方式的,前一运输单位须将联单各联交付后一运输单位随危险废物转移运行,后一运输单位必须按照联单的要求核对联单产生单位栏目事项和前一运输单位填写的运输单位栏目事项,经核对无误后填写联单的运输单位栏目并签字。经后一运输单位签字的联单第三联的复印件由前一运输单位自留存档，经接受单位签字的联单第三联由最后一运输单位自留存档。

第十三条　违反本办法有下列行为之一的，由省辖市级以上地方人民政府环境保护行政主管部门责令限期改正，并处以罚款：

（一）未按规定申领、填写联单的；（二）未按规定运行联单的；（三）未按规定期限向环境保护行政主管部门报送联单的；（四）未在规定的存档期限保管联单的；（五）拒绝接受有管辖权的环境保护行政主管部门对联单运行情况进行检查的。

有前款第（一）项、第（三）项行为之一的，依据《中华人民共和国固体废物污染环境防治法》有关规定，处五万元以下罚款；有前款第（二）项、第（四）项行为之一的，处三万元以下罚款；有前款第（五）项行为的，依据《中华人民共和国固体废物污染环境防治法》有关规定，处一万元以下罚款。

第十四条　联单由国务院环境保护行政主管部门统一制定由省、自治区、直辖市人民政府环境保护行政主管部门印制。

联单共分五联，颜色分别为：第一联，白色；第二联，红色；第三联，黄色；第四联，蓝色；第五联，绿色。

联单编号由十位阿拉数字组成。第一位、第二位数字为省级行政区划代码，第三位、第四位数字为省辖市级行政区划代码，第五位、第六位数字为危险废物类别代码，其余四位数字由发放空白联单的危险废物移出地省辖市级人民政府环境保护行政主管部门按照危险废物转移流水号依次编制。联单由直辖市人民政府环境保护行政主管部门发放的，其编号第三位、第四位数字为零。

第十五条　本办法由国务院环境保护行政主管部门负责解释。

第十六条　本办法自一九九九年十月一日起施行。

附录 13　危险化学品安全管理条例

［颁布日期］2002.01.26［实施日期］2002.03.15

第一章　总　则

第一条　为了加强对危险化学品的安全管理，保障人民生命、财产安全，保护环境，制定本条例。

第二条　在中华人民共和国境内生产、经营、储存、运输、使用危险化学品和处置废弃危险化学品，必须遵守本条例和国家有关安全生产的法律、其他行政法规的规定。

第三条　本条例所称危险化学品，包括爆炸品、压缩气体和液化气体、易燃液体、易燃固体自燃物品和遇湿易燃物品、氧化剂和有机过氧化物、有毒品和腐蚀品等。危险化学品列入以国家标准公布的《危险货物品名表》(GB12268)；剧毒化学品目录和未列入《危险货物品名表》的其他危险化学品，由国务院经济贸易综合管理部门会同国务院公安、环境保护、卫生、质检、交通部门确定并公布。

第四条　生产、经营、储存、运输、使用危险化学品和处置废弃危险化学品的单位（以下统称危险化学品单位），其主要负责人必须保证本单位危险化学品的安全管理符合有关法律法规、规章的规定和国家标准的要求，并对本单位危险化学品的安全负责。

危险化学品单位从事生产、经营、储存、运输、使用危险化学品或者处置废弃危险化学品活动的人员，必须接受有关法律法规、规章和安全知识、专业技术、职业卫生防护和应急救援知识的培训，并经考核合格，方可上岗作业。

第五条　对危险化学品的生产、经营、储存、运输、使用和对废弃危险化学品处置实施监督管理的有关部门，依照下列规定履行职责：

（一）国务院经济贸易综合管理部门和省、自治区、直辖市人民政府经济贸易管理部门，依照本条例的规定，负责危险化学品安全监督管理综合工作，负责危险化学品生产、储存企业设立及其改建、扩建的审查，负责危险化学品包装物、容器（包括用于运输工具的槽罐，下同）专业生产企业的审查和定点，负责危险化学品经营许可证的发放，负责国内危险化学品的登记，负责危险化学品事故应急救援的组织和协调，并负责前述事项的监督检查；设区的市级人民政府和县级人民政府的负责危险化学品安全监督管理综合工作的部门，由各该级人民政府确定，依照本条例的规定履行职责。

（二）公安部门负责危险化学品的公共安全管理，负责发放剧毒化学品购买凭证和准购证，负责审查核发剧毒化学品公路运输通行证，对危险化学品道路运输安全实施监督，并负责前述事项的监督检查。

（三）质检部门负责发放危险化学品及其包装物、容器的生产许可证，负责对危险化学品包装物、容器的产品质量实施监督，并负责前述事项的监督检查。

（四）环境保护部门负责废弃危险化学品处置的监督管理，负责调查重大危险化学品污染事故和生态破坏事件，负责有毒化学品事故现场的应急监测和进口危险化学品的登记，并负责前述事项的监督检查。

（五）铁路、民航部门负责危险化学品铁路、航空运输和危险化学品铁路、民航运输单位及其运输工具的安全管理及监督检查。交通部门负责危险化学品公路、水路运输单位及其运输工具的安全管理，对危险化学品水路运输安全实施监督，负责危险化学品公路、水路运输单位、驾驶人员、船员、装卸人员和押运人员的资质认定，并负责前述事项的监督检查。

（六）卫生行政部门负责危险化学品的毒性鉴定和危险化学品事故伤亡人员的医疗救护工作。

（七）工商行政管理部门依据有关部门的批准、许可文件，核发危险化学品生产、经营、储存、运输单位营业执照，并监督管理危险化学品市场经营活动。

（八）邮政部门负责邮寄危险化学品的监督检查。

第六条　依照本条例对危险化学品单位实施监督管理的有关部门，依法进行监督检查，可以行使下列职权：

（一）进入危险化学品作业场所进行现场检查，调取有关资料，向有关人员了解情况，向危险化学品单位提出整改措施和建议；

（二）发现危险化学品事故隐患时，责令立即排除或者限期排除；

（三）对有根据认为不符合有关法律法规、规章规定和国家标准要求的设施、设备、器材和运输工具，责令立即停止使用；

（四）发现违法行为，当场予以纠正或者责令限期改正。危险化学品单位应当接受有关部门依法实施的监督检查，不得拒绝、阻挠。有关部门派出的工作人员依法进行监督检查时，应当出示证件。

第二章 危险化学品的生产、储存和使用

第七条 国家对危险化学品的生产和储存实行统一规划、合理布局和严格控制，并对危险化学品生产、储存实行审批制度；未经审批，任何单位和个人都不得生产、储存危险化学品。设区的市级人民政府根据当地经济发展的实际需要，在编制总体规划时，应当按照确保安全的原则规划适当区域专门用于危险化学品的生产、储存。

第八条 危险化学品生产、储存企业，必须具备下列条件：

（一）有符合国家标准的生产工艺、设备或者储存方式、设施；

（二）工厂、仓库的周边防护距离符合国家标准或者国家有关规定；

（三）有符合生产或者储存需要的管理人员和技术人员；

（四）有健全的安全管理制度；

（五）符合法律法规规定和国家标准要求的其他条件。

第九条 设立剧毒化学品生产、储存企业和其他危险化学品生产、储存企业，应当分别向省、自治区、直辖市人民政府经济贸易管理部门和设区的市级人民政府负责危险化学品安全监督管理综合工作的部门提出申请，并提交下列文件：

（一）可行性研究报告；

（二）原料、中间产品、最终产品或者储存的危险化学品的燃点、自燃点、闪点、爆炸极限、毒性等理化性能指标；

（三）包装、储存、运输的技术要求；

（四）安全评价报告；

（五）事故应急救援措施；

（六）符合本条例第八条规定条件的证明文件。

省、自治区、直辖市人民政府经济贸易管理部门或者设区的市级人民政府负责危险化学品安全监督管理综合工作的部门收到申请和提交的文件后，应当组织有关专家进行审查，提出审查意见后，报本级人民政府作出批准或者不予批准的决定。依据本级人民政府的决定，予以批准的，由省、自治区、直辖市人民政府经济贸易管理部门或者设区的市级人民政府负责危险化学品安全监督管理综合工作的部门颁发批准书；不予批准的，书面通知申请人。申请人凭批准书向工商行政管理部门办理登记注册手续。

第十条 除运输工具加油站、加气站外，危险化学品的生产装置和储存数量构成重大危险源的储存设施，与下列场所、区域的距离必须符合国家标准或者国家有关规定：

（一）居民区、商业中心、公园等人口密集区域；

（二）学校、医院、影剧院、体育场（馆）等公共设施；

（三）供水水源、水厂及水源保护区；

（四）车站、码头（按照国家规定，经批准，专门从事危险化学品装卸作业的除外）、机场以及公路、铁路、水路交通干线、地铁风亭及出入口；

（五）基本农田保护区、畜牧区、渔业水域和种子、种畜、水产苗种生产基地；

（六）河流、湖泊、风景名胜区和自然保护区；

（七）军事禁区、军事管理区；

（八）法律、行政法规规定予以保护的其他区域。

已建危险化学品的生产装置和储存数量构成重大危险源的储存设施不符合前款规定的，由所在地设区的市级人民政府负责危险化学品安全监督管理综合工作的部门监督其在规定期限内进行整顿；需要转产、停产、搬迁、关闭的，报本级人民政府批准后实施。

本条例所称重大危险源，是指生产、运输、使用、储存危险化学品或者处置废弃危险化学品，且危险化学品的数量等于或者超过临界量的单元（包括场所和设施）。

第十一条　危险化学品生产、储存企业改建、扩建的，必须依照本条例第九条的规定经审查批准。

第十二条　依法设立的危险化学品生产企业，必须向国务院质检部门申请领取危险化学品生产许可证；未取得危险化学品生产许可证的，不得开工生产。

国务院质检部门应当将颁发危险化学品生产许可证的情况通报国务院经济贸易综合管理部门、环境保护部门和公安部门。

第十三条　任何单位和个人不得生产、经营、使用国家明令禁止的危险化学品。禁止用剧毒化学品生产灭鼠药以及其他可能进入人民日常生活的化学产品和日用化学品。

第十四条　生产危险化学品的，应当在危险化学品的包装内附有与危险化学品完全一致的化学品安全技术说明书，并在包装（包括外包装件）上加贴或者拴挂与包装内危险化学品完全一致的化学品安全标签。危险化学品生产企业发现其生产的危险化学品有新的危害特性时，应当立即公告，并及时修订安全技术说明书和安全标签。

第十五条　使用危险化学品从事生产的单位，其生产条件必须符合国家标准和国家有关规定，并依照国家有关法律法规的规定取得相应的许可，必须建立、健全危险化学品使用的安全管理规章制度，保证危险化学品的安全使用和管理。

第十六条　生产、储存、使用危险化学品的，应当根据危险化学品的种类、特性，在车间、库房等作业场所设置相应的监测、通风、防晒、调温、防火、灭火、防爆、泄压、防毒、消毒、中和、防潮、防雷、防静电、防腐、防渗漏、防护围堤或者隔离操作等安全设施、设备，并按照国家标准和国家有关规定进行维护、保养，保证符合安全运行要求。

第十七条　生产、储存、使用剧毒化学品的单位，应当对本单位的生产、储存装置每年进行一次安全评价；生产、储存、使用其他危险化学品的单位，应当对本单位的生产、储存装置每两年进行一次安全评价。安全评价报告应当对生产、储存装置存在的安全问题提出整改方案。安全评价中发现生产、储存装置存在现实危险的，应当立即停止使用，予以更换或者修复，并采取相应的安全措施。安全评价报告应当报所在地设区的市级人民政府负责危险化学品安全监督管理综合工作的部门备案。

第十八条　危险化学品的生产、储存、使用单位，应当在生产、储存和使用场所设置通信、报警装置，并保证在任何情况下处于正常适用状态。

第十九条　剧毒化学品的生产、储存、使用单位，应当对剧毒化学品的产量、流向、储存量和用途如实记录，并采取必要的保安措施，防止剧毒化学品被盗、丢失或者误售、误用；发现剧毒化学品被盗、丢失或者误售、误用时，必须立即向当地公安部门报告。

第二十条　危险化学品的包装必须符合国家法律法规、规章的规定和国家标准的要求。危险化学品包装的材质、型式、规格、方法和单件质量（重量），应当与所包装的危险化学品的性质和用途相适应，便于装卸、运输和储存。

第二十一条　危险化学品的包装物、容器，必须由省、自治区、直辖市人民政府经济贸易管理部门审查合格的专业生产企业定点生产，并经国务院质检部门认可的专业检测、检验机构检测、检验合格，方可使用。重复使用的危险化学品包装物、容器在使用前，应当进行检查，并作出记录；检查记录应当至少保存 2 年。质检部门应当对危险化学品的包装物、容器的产品质量进行定期的或者不定期的检查。

第二十二条　危险化学品必须储存在专用仓库、专用场地或者专用储存室(以下统称专用仓库)内，储存方式、方法与储存数量必须符合国家标准，并由专人管理。危险化学品出入库，必须进行核查登记。库存危险化学品应当定期检查。剧毒化学品以及储存数量构成重大危险源的其他危险化学品必须在专用仓库内单独存放，实行双人收发、双人保管制度。储存单位应当将储存剧毒化学品以及构成重大危险源的其他危险化学品的数量、地点以及管理人员的情况，报当地公安部门和负责危险化学品安全监督管理综合工作的部门备案。

第二十三条　危险化学品专用仓库，应当符合国家标准对安全、消防的要求，设置明显标志。危险化学品专用仓库的储存设备和安全设施应当定期检测。

第二十四条　处置废弃危险化学品，依照固体废物污染环境防治法和国家有关规定执行。

第二十五条　危险化学品的生产、储存、使用单位转产、停产、停业或者解散的，应当采取有效措施，处置危险化学品的生产或者储存设备、库存产品及生产原料，不得留有事故隐患。处置方案应当报所在地设区的市级人民政府负责危险化学品安全监督管理综合工作的部门和同级环境保护部门、公安部门备案。负责危险化学品安全监督管理综合工作的部门应当对处置情况进行监督检查。

第二十六条　公众上交的危险化学品，由公安部门接收。公安部门接收的危险化学品和其他有关部门收缴的危险化学品，交由环境保护部门认定的专业单位处理。

第三章　危险化学品的经营

第二十七条　国家对危险化学品经营销售实行许可制度。未经许可，任何单位和个人都不得经营销售危险化学品。

第二十八条　危险化学品经营企业，必须具备下列条件：

(一)经营场所和储存设施符合国家标准；

(二)主管人员和业务人员经过专业培训，并取得上岗资格；

(三)有健全的安全管理制度；

(四)符合法律法规规定和国家标准要求的其他条件。

第二十九条　经营剧毒化学品和其他危险化学品的，应当分别向省、自治区、直辖市人民政府经济贸易管理部门或者设区的市级人民政府负责危险化学品安全监督管理综合工作的部门提出申请，并附送本条例第二十八条规定条件的相关证明材料。省、自治区、直辖市人民政府经济贸易管理部门或者设区的市级人民政府负责危险化学品安全监督管理综合工作的部门接到申请后，应当依照本条例的规定对申请人提交的证明材料和经营场所进行审查。经审查，符合条件的，颁发危险化学品经营许可证，并将颁发危险化学品经营许可证的情况通报同级公安部门和环境保护部门；不符合条件的，书面通知申请人并说明理由。申请人凭危险化学品经营许可证向工商行政管理部门办理登记注册手续。

第三十条　经营危险化学品，不得有下列行为：

(一)从未取得危险化学品生产许可证或者危险化学品经营许可证的企业采购危险化学品;

(二)经营国家明令禁止的危险化学品和用剧毒化学品生产的灭鼠药以及其他可能进入人民日常生活的化学产品和日用化学品;

(三)销售没有化学品安全技术说明书和化学品安全标签的危险化学品。

第三十一条　危险化学品生产企业不得向未取得危险化学品经营许可证的单位或者个人销售危险化学品。

第三十二条　危险化学品经营企业储存危险化学品,应当遵守本条例第二章的有关规定。危险化学品商店内只能存放民用小包装的危险化学品,其总量不得超过国家规定的限量。

第三十三条　剧毒化学品经营企业销售剧毒化学品,应当记录购买单位的名称、地址和购买人员的姓名、身份证号码及所购剧毒化学品的品名、数量、用途。记录应当至少保存1年。剧毒化学品经营企业应当每天核对剧毒化学品的销售情况;发现被盗、丢失、误售等情况时,必须立即向当地公安部门报告。

第三十四条　购买剧毒化学品,应当遵守下列规定:

(一)生产、科研、医疗等单位经常使用剧毒化学品的,应当向设区的市级人民政府公安部门申请领取购买凭证,凭购买凭证购买;

(二)单位临时需要购买剧毒化学品的,应当凭本单位出具的证明(注明品名、数量、用途)向设区的市级人民政府公安部门申请领取准购证,凭准购证购买;

(三)个人不得购买农药、灭鼠药、灭虫药以外的剧毒化学品。

剧毒化学品生产企业、经营企业不得向个人或者无购买凭证、准购证的单位销售剧毒化学品。剧毒化学品购买凭证、准购证不得伪造、变造、买卖、出借或者以其他方式转让,不得使用作废的剧毒化学品购买凭证、准购证。剧毒化学品购买凭证和准购证的式样和具体申领办法由国务院公安部门制定。

第四章　危险化学品的运输

第三十五条　国家对危险化学品的运输实行资质认定制度;未经资质认定,不得运输危险化学品。危险化学品运输企业必须具备的条件由国务院交通部门规定。

第三十六条　用于危险化学品运输工具的槽罐以及其他容器,必须依照本条例第二十一条的规定,由专业生产企业定点生产,并经检测、检验合格,方可使用。质检部门应当对前款规定的专业生产企业定点生产的槽罐以及其他容器的产品质量进行定期的或者不定期的检查。

第三十七条　危险化学品运输企业,应当对其驾驶员、船员、装卸管理人员、押运人员进行有关安全知识培训;驾驶员、船员、装卸管理人员、押运人员必须掌握危险化学品运输的安全知识,并经所在地设区的市级人民政府交通部门考核合格(船员经海事管理机构考核合格),取得上岗资格证,方可上岗作业。危险化学品的装卸作业必须在装卸管理人员的现场指挥下进行。运输危险化学品的驾驶员、船员、装卸人员和押运人员必须了解所运载的危险化学品的性质、危害特性、包装容器的使用特性和发生意外时的应急措施。运输危险化学品,必须配备必要的应急处理器材和防护用品。

第三十八条　通过公路运输危险化学品的,托运人只能委托有危险化学品运输资质的运输企业承运。

第三十九条 通过公路运输剧毒化学品的,托运人应当向目的地的县级人民政府公安部门申请办理剧毒化学品公路运输通行证。办理剧毒化学品公路运输通行证,托运人应当向公安部门提交有关危险化学品的品名、数量、运输始发地和目的地、运输路线、运输单位、驾驶人员、押运人员、经营单位和购买单位资质情况的材料。剧毒化学品公路运输通行证的式样和具体申领办法由国务院公安部门制定。

第四十条 禁止利用内河以及其他封闭水域等航运渠道运输剧毒化学品以及国务院交通部门规定禁止运输的其他危险化学品。利用内河以及其他封闭水域等航运渠道运输前款规定以外的危险化学品的,只能委托有危险化学品运输资质的水运企业承运,并按照国务院交通部门的规定办理手续,接受有关交通部门(港口部门、海事管理机构,下同)的监督管理。运输危险化学品的船舶及其配载的容器必须按照国家关于船舶检验的规范进行生产,并经海事管理机构认可的船舶检验机构检验合格,方可投入使用。

第四十一条 托运人托运危险化学品,应当向承运人说明运输的危险化学品的品名、数量、危害、应急措施等情况。运输危险化学品需要添加抑制剂或者稳定剂的,托运人交付托运时应当添加抑制剂或者稳定剂,并告知承运人。托运人不得在托运的普通货物中夹带危险化学品,不得将危险化学品匿报或者谎报为普通货物托运。

第四十二条 运输、装卸危险化学品,应当依照有关法律法规、规章的规定和国家标准的要求并按照危险化学品的危险特性,采取必要的安全防护措施。运输危险化学品的槽罐以及其他容器必须封口严密,能够承受正常运输条件下产生的内部压力和外部压力,保证危险化学品在运输中不因温度、湿度或者压力的变化而发生任何渗(洒)漏。

第四十三条 通过公路运输危险化学品,必须配备押运人员,并随时处于押运人员的监管之下,不得超装、超载,不得进入危险化学品运输车辆禁止通行的区域;确需进入禁止通行区域的,应当事先向当地公安部门报告,由公安部门为其指定行车时间和路线,运输车辆必须遵守公安部门规定的行车时间和路线。危险化学品运输车辆禁止通行区域,由设区的市级人民政府公安部门划定,并设置明显的标志。运输危险化学品途中需要停车住宿或者遇有无法正常运输的情况时,应当向当地公安部门报告。

第四十四条 剧毒化学品在公路运输途中发生被盗、丢失、流散、泄漏等情况时,承运人及押运人员必须立即向当地公安部门报告,并采取一切可能的警示措施。公安部门接到报告后,应当立即向其他有关部门通报情况;有关部门应当采取必要的安全措施。

第四十五条 任何单位和个人不得邮寄或者在邮件内夹带危险化学品,不得将危险化学品匿报或者谎报为普通物品邮寄。

第四十六条 通过铁路、航空运输危险化学品的,按照国务院铁路、民航部门的有关规定执行。

第五章 危险化学品的登记与事故应急救援

第四十七条 国家实行危险化学品登记制度,并为危险化学品安全管理、事故预防和应急救援提供技术、信息支持。

第四十八条 危险化学品生产、储存企业以及使用剧毒化学品和数量构成重大危险源的其他危险化学品的单位,应当向国务院经济贸易综合管理部门负责危险化学品登记的机构办理危险化学品登记。危险化学品登记的具体办法由国务院经济贸易综合管理部门制定。

负责危险化学品登记的机构应当向环境保护、公安、质检、卫生等有关部门提供危险化学品登记的资料。

第四十九条　县级以上地方各级人民政府负责危险化学品安全监督管理综合工作的部门应当会同同级其他有关部门制定危险化学品事故应急救援预案，报经本级人民政府批准后实施。

第五十条　危险化学品单位应当制定本单位事故应急救援预案，配备应急救援人员和必要的应急救援器材、设备，并定期组织演练。

危险化学品事故应急救援预案应当报设区的市级人民政府负责危险化学品安全监督管理综合工作的部门备案。

第五十一条　发生危险化学品事故，单位主要负责人应当按照本单位制定的应急救援预案，立即组织救援，并立即报告当地负责危险化学品安全监督管理综合工作的部门和公安、环境保护、质检部门。

第五十二条　发生危险化学品事故，有关地方人民政府应当做好指挥、领导工作。负责危险化学品安全监督管理综合工作的部门和环境保护、公安、卫生等有关部门，应当按照当地应急救援预案组织实施救援，不得拖延、推诿。有关地方人民政府及其有关部门并应当按照下列规定，采取必要措施，减少事故损失，防止事故蔓延、扩大：

（一）立即组织营救受害人员，组织撤离或者采取其他措施保护危害区域内的其他人员；

（二）迅速控制危害源，并对危险化学品造成的危害进行检验、监测，测定事故的危害区域、危险化学品性质及危害程度；

（三）针对事故对人体、动植物、土壤、水源、空气造成的现实危害和可能产生的危害，迅速采取封闭、隔离、洗消等措施；

（四）对危险化学品事故造成的危害进行监测、处置，直至符合国家环境保护标准。

第五十三条　危险化学品生产企业必须为危险化学品事故应急救援提供技术指导和必要的协助。

第五十四条　危险化学品事故造成环境污染的信息，由环境保护部门统一公布。

第六章　法律责任

第五十五条　对生产、经营、储存、运输、使用危险化学品和处置废弃危险化学品依法实施监督管理的有关部门工作人员，有下列行为之一的，依法给予降级或者撤职的行政处分；触犯刑律的，依照刑法关于受贿罪、滥用职权罪、玩忽职守罪或者其他罪的规定，依法追究刑事责任：

（一）利用职务上的便利收受他人财物或者其他好处，对不符合本条例规定条件的涉及生产、经营、储存、运输、使用危险化学品和处置废弃危险化学品的事项予以批准或者许可的；

（二）发现未依法取得批准或者许可的单位和个人擅自从事有关活动或者接到举报后不予取缔或者不依法予以处理的；

（三）对已经依法取得批准或者许可的单位和个人不履行监督管理职责，发现其不再具备本条例规定的条件而不撤销原批准、许可或者发现违反本条例的行为不予查处的。

第五十六条　发生危险化学品事故，有关部门未依照本条例的规定履行职责，组织实施救援或者采取必要措施，减少事故损失，防止事故蔓延、扩大，或者拖延、推诿的，对负有责任的主管人员和其他直接责任人员依法给予降级或者撤职的行政处分；触犯刑律的，依照刑法关于滥用职权罪、玩忽职守罪或者其他罪的规定，依法追究刑事责任。

第五十七条　违反本条例的规定，有下列行为之一的，分别由工商行政管理部门、质检部门、负责危险化学品安全监督管理综合工作的部门依据各自的职权予以关闭或者责令停产停业整顿，责令无害化销毁国家明令禁止生产、经营、使用的危险化学品或者用剧毒化学品生产的灭鼠药以及其他可能进入人民日常生活的化学产品和日用化学品；有违法所得的，没收违法所得；违法所得10万元以上的，并处违法所得1倍以上5倍以下的罚款；没有违法所得或者违法所得不足10万元的，并处5万元以上50万元以下的罚款；触犯刑律的，对负有责任的主管人员和其他直接责任人员依照刑法关于危险物品肇事罪、非法经营罪或者其他罪的规定，依法追究刑事责任：

(一)未经批准或者未经工商登记注册，擅自从事危险化学品生产、储存的；

(二)未取得危险化学品生产许可证，擅自开工生产危险化学品的；

(三)未经审查批准，危险化学品生产、储存企业擅自改建、扩建的；

(四)未取得危险化学品经营许可证或者未经工商登记注册，擅自从事危险化学品经营的；

(五)生产、经营、使用国家明令禁止的危险化学品，或者用剧毒化学品生产灭鼠药以及其他可能进入人民日常生活的化学产品和日用化学品的。

第五十八条　危险化学品单位违反本条例的规定，未根据危险化学品的种类、特性，在车间、库房等作业场所设置相应的监测、通风、防晒、调温、防火、灭火、防爆、泄压、防毒、消毒、中和、防潮、防雷、防静电、防腐、防渗漏、防护围堤或者隔离操作等安全设施、设备的，由负责危险化学品安全监督管理综合工作的部门或者公安部门依据各自的职权责令立即或者限期改正，处2万元以上10万元以下的罚款；触犯刑律的，对负有责任的主管人员和其他直接责任人员依照刑法关于危险物品肇事罪、重大责任事故罪或者其他罪的规定，依法追究刑事责任。

第五十九条　违反本条例的规定，有下列行为之一的，由负责危险化学品安全监督管理综合工作的部门、质检部门或者交通部门依据各自的职权责令立即或者限期改正，处2万元以上20万元以下的罚款；逾期未改正的，责令停产停业整顿；触犯刑律的，对负有责任的主管人员和其他直接责任人员依照刑法关于危险物品肇事罪、生产销售伪劣商品罪或者其他罪的规定，依法追究刑事责任：

(一)未经定点，擅自生产危险化学品包装物、容器的；

(二)运输危险化学品的船舶及其配载的容器未按照国家关于船舶检验的规范进行生产，并经检验合格的；

(三)危险化学品包装的材质、型式、规格、方法和单件质量(重量)与所包装的危险化学品的性质和用途不相适应的；

(四)对重复使用的危险化学品的包装物、容器在使用前，不进行检查的；

(五)使用非定点企业生产的或者未经检测、检验合格的包装物、容器包装、盛装、运输危险化学品的。

第六十条　危险化学品单位违反本条例的规定，有下列行为之一的，由负责危险化学品安全监督管理综合工作的部门责令立即或者限期改正，处1万元以上5万元以下的罚款；逾期不改正的，责令停产停业整顿：

(一)危险化学品生产企业未在危险化学品包装内附有与危险化学品完全一致的化学品安

全技术说明书,或者未在包装(包括外包装件)上加贴、拴挂与包装内危险化学品完全一致的化学品安全标签的;

(二)危险化学品生产企业发现危险化学品有新的危害特性时,不立即公告并及时修订其安全技术说明书和安全标签的;

(三)危险化学品经营企业销售没有化学品安全技术说明书和安全标签的危险化学品的。

第六十一条　危险化学品单位违反本条例的规定,有下列行为之一的,由负责危险化学品安全监督管理综合工作的部门或者公安部门依据各自的职权责令立即或者限期改正,处1万元以上5万元以下的罚款;逾期不改正的,由原发证机关吊销危险化学品生产许可证、经营许可证和营业执照;触犯刑律的,对负有责任的主管人员和其他直接责任人员依照刑法关于危险物品肇事罪、重大责任事故罪或者其他罪的规定,依法追究刑事责任:

(一)未对其生产、储存装置进行定期安全评价,并报所在地设区的市级人民政府负责危险化学品安全监督管理综合工作的部门备案,或者对安全评价中发现的存在现实危险的生产、储存装置不立即停止使用,予以更换或者修复,并采取相应的安全措施的;

(二)未在生产、储存和使用危险化学品场所设置通信、报警装置,并保持正常适用状态的;

(三)危险化学品未储存在专用仓库内或者未设专人管理的;

(四)危险化学品出入库未进行核查登记或者入库后未定期检查的;

(五)危险化学品专用仓库不符合国家标准对安全、消防的要求,未设置明显标志,或者未对专用仓库的储存设备和安全设施定期检测的;

(六)危险化学品经销商店存放非民用小包装的危险化学品或者危险化学品民用小包装的存放量超过国家规定限量的;

(七)剧毒化学品以及构成重大危险源的其他危险化学品未在专用仓库内单独存放,或者未实行双人收发、双人保管,或者未将储存剧毒化学品以及构成重大危险源的其他危险化学品的数量、地点以及管理人员的情况,报当地公安部门和负责危险化学品安全监督管理综合工作的部门备案的;

(八)危险化学品生产单位不如实记录剧毒化学品的产量、流向、储存量和用途,或者未采取必要的保安措施防止剧毒化学品被盗、丢失、误售、误用,或者发生剧毒化学品被盗、丢失、误售、误用后不立即向当地公安部门报告的;

(九)危险化学品经营企业不记录剧毒化学品购买单位的名称、地址,购买人员的姓名、身份证号码及所购剧毒化学品的品名、数量、用途,或者不每天核对剧毒化学品的销售情况,或者发现被盗、丢失、误售不立即向当地公安部门报告的。

第六十二条　危险化学品单位违反本条例的规定,在转产、停产、停业或者解散时未采取有效措施,处置危险化学品生产、储存设备、库存产品及生产原料的,由负责危险化学品安全监督管理综合工作的部门责令改正,处2万元以上10万元以下的罚款;触犯刑律的,对负有责任的主管人员和其他直接责任人员依照刑法关于重大环境污染事故罪、危险物品肇事罪或者其他罪的规定,依法追究刑事责任。

第六十三条　违反本条例的规定,有下列行为之一的,由工商行政管理部门责令改正,有违法所得的,没收违法所得;违法所得5万元以上的,并处违法所得1倍以上5倍以下的罚款;没有违法所得或者违法所得不足5万元的,并处2万元以上20万元以下的罚款;不改正的,由原发证机关吊销生产许可证、经营许可证和营业执照;触犯刑律的,对负有责任的主管人员和其他直接责任人员依照刑法关于非法经营罪、危险物品肇事罪或者其他罪的规定，依法追究刑事责任：

（一）危险化学品经营企业从未取得危险化学品生产许可证或者危险化学品经营许可证的企业采购危险化学品的；

（二）危险化学品生产企业向未取得危险化学品经营许可证的经营单位销售其产品的；

（三）剧毒化学品经营企业向个人或者无购买凭证、准购证的单位销售剧毒化学品的。

第六十四条　违反本条例的规定，伪造、变造、买卖、出借或者以其他方式转让剧毒化学品购买凭证、准购证以及其他有关证件，或者使用作废的上述有关证件的，由公安部门责令改正，处1万元以上5万元以下的罚款；触犯刑律的，对负有责任的主管人员和其他直接责任人员依照刑法关于伪造、变造、买卖国家机关公文、证件、印章罪或者其他罪的规定，依法追究刑事责任。

第六十五条　违反本条例的规定，未取得危险化学品运输企业资质，擅自从事危险化学品公路、水路运输，有违法所得的，由交通部门没收违法所得；违法所得5万元以上的，并处违法所得1倍以上5倍以下的罚款；没有违法所得或者违法所得不足5万元的，处2万元以上20万元以下的罚款；触犯刑律的，对负有责任的主管人员和其他直接责任人员依照刑法关于危险物品肇事罪或者其他罪的规定，依法追究刑事责任。

第六十六条　违反本条例的规定，有下列行为之一的，由交通部门处2万元以上10万元以下的罚款；触犯刑律的，依照刑法关于危险物品肇事罪或者其他罪的规定，依法追究刑事责任：

（一）从事危险化学品公路、水路运输的驾驶员、船员、装卸管理人员、押运人员未经考核合格，取得上岗资格证的；

（二）利用内河以及其他封闭水域等航运渠道运输剧毒化学品和国家禁止运输的其他危险化学品的；

（三）托运人未按照规定向交通部门办理水路运输手续，擅自通过水路运输剧毒化学品和国家禁止运输的其他危险化学品以外的危险化学品的；

（四）托运人托运危险化学品，不向承运人说明运输的危险化学品的品名、数量、危害、应急措施等情况，或者需要添加抑制剂或者稳定剂，交付托运时未添加的；

（五）运输、装卸危险化学品不符合国家有关法律法规、规章的规定和国家标准，并按照危险化学品的特性采取必要安全防护措施的。

第六十七条　违反本条例的规定，有下列行为之一的，由公安部门责令改正，处2万元以上10万元以下的罚款；触犯刑律的，依照刑法关于危险物品肇事罪、重大环境污染事故罪或者其他罪的规定，依法追究刑事责任：

（一）托运人未向公安部门申请领取剧毒化学品公路运输通行证，擅自通过公路运输剧毒化学品的；

（二）危险化学品运输企业运输危险化学品，不配备押运人员或者脱离押运人员监管，超装、超载，中途停车住宿或者遇有无法正常运输的情况，不向当地公安部门报告的；

（三）危险化学品运输企业运输危险化学品，未向公安部门报告，擅自进入危险化学品运输车辆禁止通行区域，或者进入禁止通行区域不遵守公安部门规定的行车时间和路线的；

（四）危险化学品运输企业运输剧毒化学品，在公路运输途中发生被盗、丢失、流散、泄露等情况，不立即向当地公安部门报告，并采取一切可能的警示措施的；

（五）托运人在托运的普通货物中夹带危险化学品或者将危险化学品匿报、谎报为普通货物托运的。

第六十八条　违反本条例的规定，邮寄或者在邮件内夹带危险化学品，或者将危险化学品匿报、谎报为普通物品邮寄的，由公安部门处 2 000 元以上 2 万元以下的罚款；触犯刑律的，依照刑法关于危险物品肇事罪或者其他罪的规定，依法追究刑事责任。

第六十九条　危险化学品单位发生危险化学品事故，未按照本条例的规定立即组织救援，或者不立即向负责危险化学品安全监督管理综合工作的部门和公安、环境保护、质检部门报告，造成严重后果的，对负有责任的主管人员和其他直接责任人员依照刑法关于国有公司、企业工作人员失职罪或者其他罪的规定，依法追究刑事责任。

第七十条　危险化学品单位发生危险化学品事故造成人员伤亡、财产损失的，应当依法承担赔偿责任；拒不承担赔偿责任或者其负责人逃匿的，依法拍卖其财产，用于赔偿。

第七章　附　则

第七十一条　监控化学品、属于药品的危险化学品和农药的安全管理，依照本条例的规定执行；国家另有规定的，依照其规定。

民用爆炸品、放射性物品、核能物质和城镇燃气的安全管理，不适用本条例。

第七十二条　危险化学品的进出口管理依照国家有关规定执行；进口危险化学品的经营、储存、运输、使用和处置进口废弃危险化学品，依照本条例的规定执行。

第七十三条　依照本条例的规定，对生产、经营、储存、运输、使用危险化学品和处置废弃危险化学品进行审批、许可并实施监督管理的国务院有关部门，应当根据本条例的规定制定并公布审批、许可的期限和程序。

本条例规定的国家标准和涉及危险化学品安全管理的国家有关规定，由国务院质检部门或者国务院有关部门分别依照国家标准化法律和其他有关法律、行政法规以及本条例的规定制定、调整并公布。

第七十四条　本条例自 2002 年 3 月 15 日起施行。1987 年 2 月 17 日国务院发布的《化学危险物品安全管理条例》同时废止。